U0056188

東京街角遇見貓

走訪喵味十足的19條散步路線×25間特色店家

一志敦子／著
王麗雅／譯
Illustrated by Atsuko Isshi

目次

前言

來到位於町屋的「Parisian Cafe」，一開啟入口的門扉，看板貓小Q便跑過來迎客。「你好呀～」我一邊跟牠打招呼，一邊連忙關上門以免牠跑出去。我很喜歡貓，更喜歡有貓的店家。就算沒有小Q那麼友善，就算態度很冷淡，就算遭到無視，我還是非常喜歡貓。僅僅是有貓在，就能營造出幸福的空間。為了傳達這樣的心情，我四處走訪有貓的店家。

這本《東京街角遇見貓》的內容，是由雜誌《貓日和》（猫びより）上連載過的「貓處西洋鏡」（ジオラマ猫処）與現在連載中的「東京貓日和散步」（東京猫びより散歩）結合而成的。走在路上，可以看到有些貓咪以家中一員之姿在店內自由活動，例如花店、咖啡廳和生活雜貨店等等，各行各業都有。來訪的客人和住在附近的人通常都會眉開眼笑地喊道：「小○，你好不好呀～～？」接著就隔著貓咪跟店家暢聊有關貓咪

的話題。

悄悄觀察他們互動的模樣或加入談話都是一種樂趣。在俯瞰圖（從上方俯視的圖）中，我丈量過店內的每一個角落。當時拿著量尺趴在地上將桌子、椅子、牆壁到地板都測量了一遍。現在仔細想想，從貓咪的角度來看，可能會覺得「這傢伙是在做什麼啊？」。這次承蒙所有店家與貓咪們的許多照顧，真的非常感謝各位。

另外，很可惜的是，其中有些店家已經歇業了。無論是曾經到訪過的人，還是沒能有機會一訪的人，我衷心希望這本書能夠為其留下回憶與紀錄。

最後，我要向總是給予我準確建議的《貓日和》編輯部的所有同仁，以及每次都提供精美設計的山口至剛設計室的諸位先進，致上誠摯的謝意。並且也由衷感謝購買這本書的每位讀者！

2018年9月　一志敦子

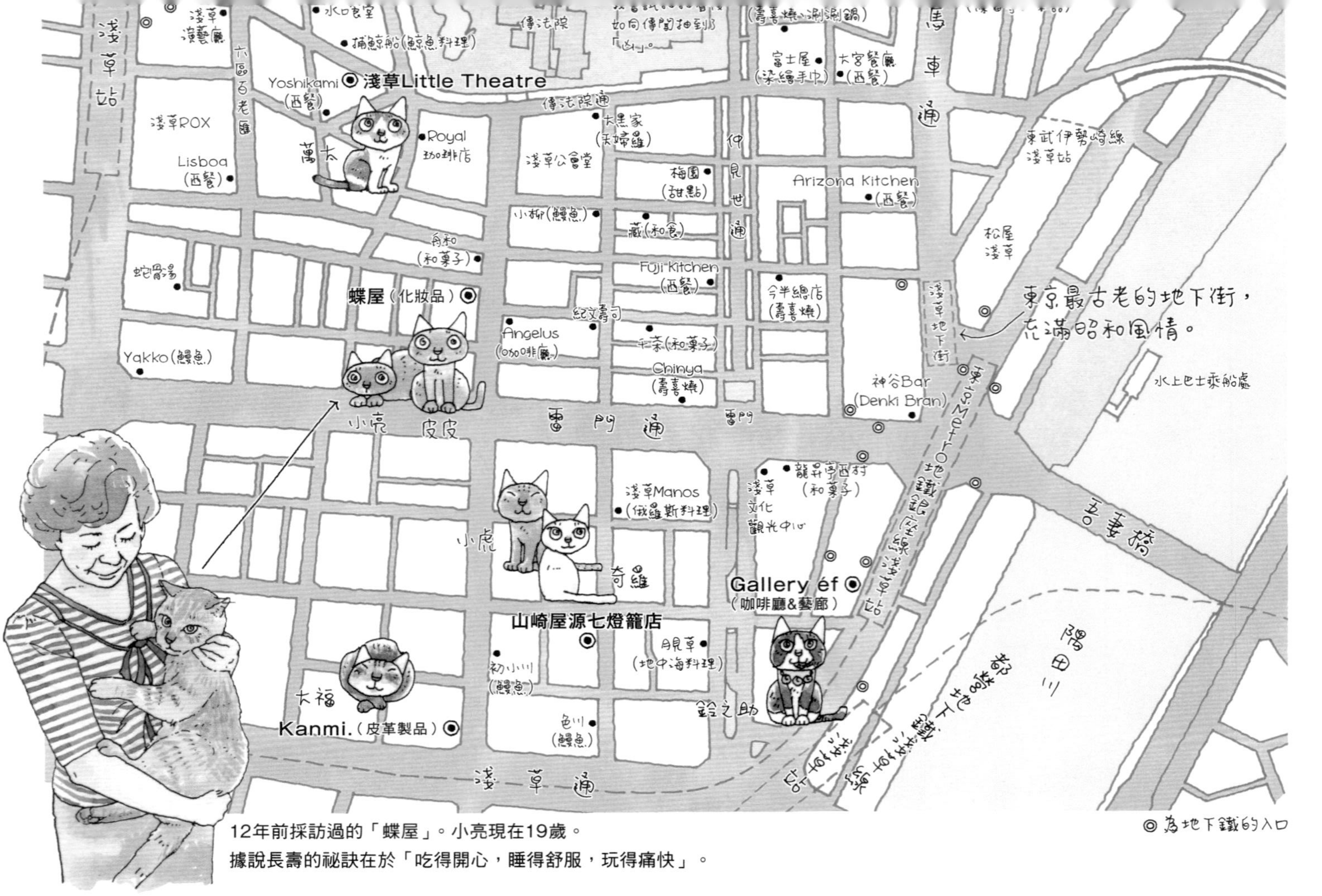

12年前採訪過的「蝶屋」。小亮現在19歲。

據說長壽的祕訣在於「吃得開心，睡得舒服，玩得痛快」。

ASAKUSA 淺草

在半村良的《小說 淺草指南》（暫譯，原名《小説 浅草案内》）中登場的「CAFE ELLE」。由於書上寫著「『ELLE』的貓叫做小熊，『鳥幸』的貓叫做千惠」，於是我便前去走訪一趟。小熊在2008年20歲時前往天堂旅行了。老闆娘表示：「在我的人生中，總是持續有貓陪伴在身旁，但不可思議的是，自從小熊過世後，就不再有貓了。」在這間半村良喜愛的咖啡廳內，時光靜靜地流逝著。

「Ressources淺草店」的御神本奶油酥餅，1片302日圓。原型是鄰近淺草ROX的某間服飾店的看板貓御神本。

咖啡廳「藩」的蹦蹦（♂15歲）。臉上總是帶著溫和的笑容，常客們都說牠是「招福貓」。

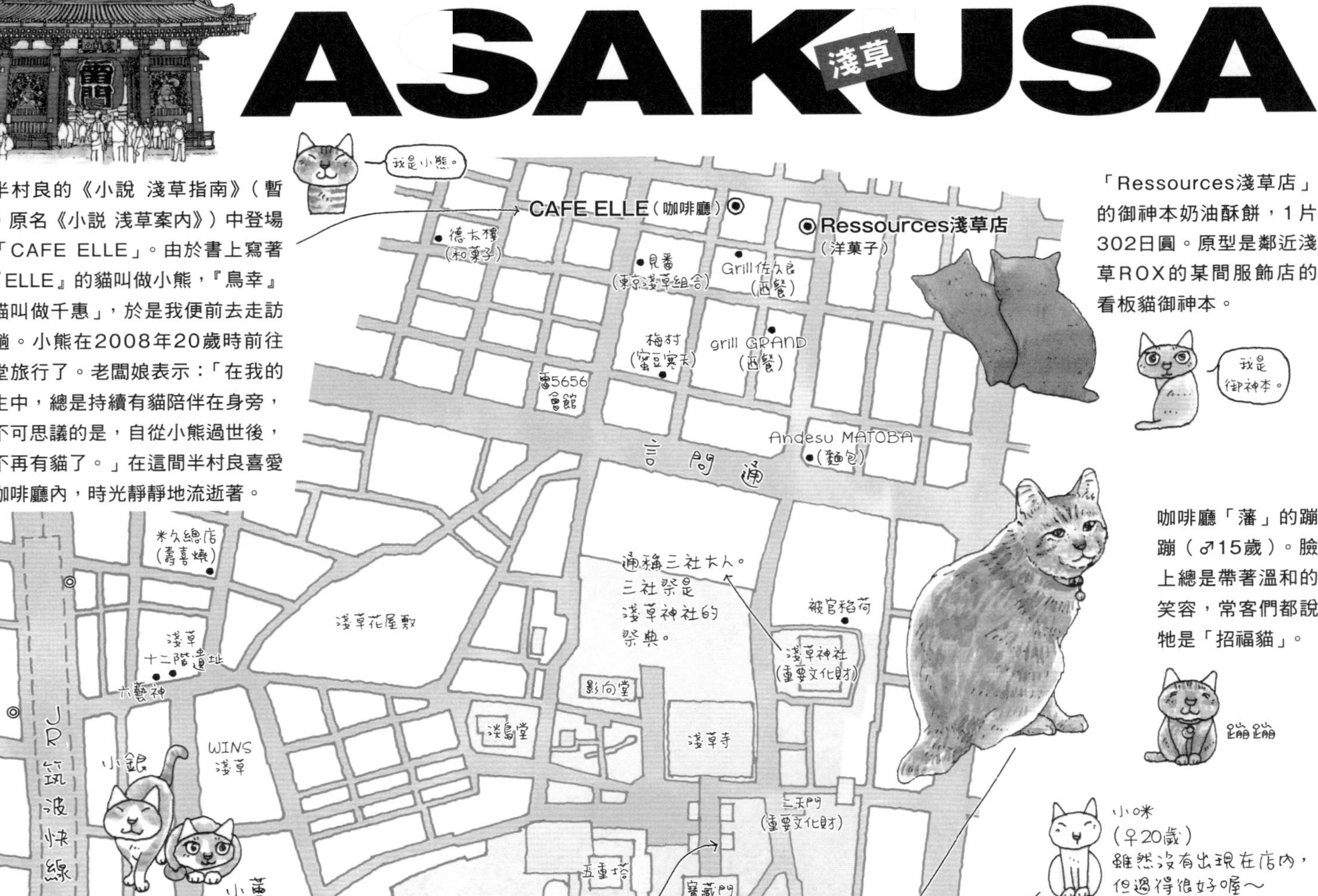

ASAKUSA 淺草

山崎屋源七燈籠店

東京都台東區雷門2-9-9
TEL03-3841-8849
營業時間：9:00～19:00
公休：週日、國定假日

從江戶時代延續至今的老字號手繪燈籠店「山崎屋源七燈籠店」中，代代飼養著貓。現在養著認識的人送的奇羅（♀11歲）以及在這裡誕生的兒子小虎（♂10歲）。奇羅很親人，即使是初次見面的對象，只要跳到大腿上就不肯下來了。

奇羅小時候，我會把牠放在防風連帽外套腹部的口袋裡工作，也許是這樣，牠才會如此親人吧。

第8代店主山田先生如此表示。

用面相筆描邊。

首先，用炭筆粗略地打底稿。

燈籠的字體有江戶文字、楷書、角字和牡丹文字等10～15種左右。

這裡的江戶文字是將楷書字體加粗，即使遠看也清晰有力。
由於是大眾文字，沒有所屬流派，以寫手（師傅）的個人特色為風格。

雖然小虎小時候
非常膽小，
但現在不管
對牠做什麼
都不會生氣，
也不會怕小孩子。
牠的個性溫和，
已經成長為會被
比自己年幼的
小野貓追趕的
男孩子了。

歌舞伎文字、寄席文字
和相撲文字各有
不同的流派，
寫法也不同。

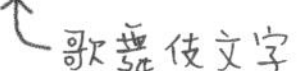
歌舞伎文字

大功告成！

用平筆仔細塗繪……

珈琲 若生

東京都台東區淺草2-10-13
TEL03-3844-5403
營業時間：週一～三、週五
10:00～17:00／週六、日及
國定假日9:00～17:00
公休：週四

在淺草開設咖啡廳至今
40年的老店。
老闆也是町內會的負責人，
日子過得相當忙碌。

2014年9月號的《貓日和》曾介紹過「若生」的看板貓小舞（♀，去年8月19歲時前往天堂了）。小舞還健在時，隔壁的大勝館（二戰前為電影院，戰後幾經波折於2007年休業，變成廢棄大樓）住著一隻褐色的野貓。因為是咖啡歐蕾的顏色，所以取名為歐蕾（♀）。歐蕾有個女兒看起來像「小一號的歐蕾」，於是取名為小蕾（♀3歲）。
不久後，小蕾也生下3個小孩。由於大勝館被拆掉，開始蓋起唐吉軻德，歐蕾一家逃了過來，「若生」便收留了他們，但歐蕾媽媽目送孩子們走後，自己就不知所蹤了。

小銀（♀1歲半）。小蕾的女兒。
名字來自於《水戶黃門》的陽炎阿銀。
牠很喜歡這個位置。
經常望著外頭或自在地躺臥。

小蕾。據說將小蕾一家接進店內這件事，
其實讓小舞非常生氣，所以小舞住在2樓，
小蕾和小銀則住在1樓，分割出各自的
生活空間。

加入老闆、老闆娘及常客談話小圈圈的小蕾。

「若生」的招牌
咖哩吐司700日圓。

(※食物都是副餐，
請與飲料一同享用)

男女老少都能吃的
甜味咖哩。
吐司裡面放了
燉得軟爛的豬肉。
烤法上也花了
許多心思。

咖啡廳&藝廊
Gallery éf

東京都台東區雷門2-19-18
TEL03-3841-0442
營業時間：咖啡廳 11:00～L.O.18:00／酒吧 週三18:00～23:00，週五、六及國定假日前夕18:00～24:30
公休：週二（可能會臨時休店）
http://www.gallery-ef.com

咖啡廳深處的倉庫是挺過關東大地震及東京大空襲、登錄於日本文化廳的有形文化財。會在這裡舉辦展覽會、朗讀會和琵琶演奏會等各式活動。

「Gallery éf」的阿銀曾經出現在2011年9月號《貓日和》的連載單元「貓處西洋鏡」之中。2009年夏天，一隻像是一塊髒抹布的野貓成為「Gallery éf」的重要家人，以工作人員Izumi女士為首，許多人都叫牠「銀次老大」，相當受到疼愛。然而，牠在2013年12月29日正午突然前往天堂旅行了。

時間稍微往前回溯，2011年3月11日東日本大地震之後，Izumi女士成立了「銀次隊」，以福島縣飯館村為中心，開始救助受災動物。阿銀過世半年後，從福島回家的路上，她在深夜的高速公路路肩發現了一隻小貓。據說她下車走過去，小貓就直衝過來。那隻小貓就是鈴之助。

Izumi女士與鈴之助（♂1歲半）通稱小鈴。

牠一來到店內，立刻就跳上阿銀從前經常待著的椅子和床上，Izumi女士表示：「這讓我覺得一定是阿銀叫牠來的。」

因為我還在實習，
不一定會在店內喵，
不好意思喵。

使用「Cafe Bach」的咖啡豆，ef特調法式烘焙咖啡，570日圓。

這個鮮奶油很好吃喔！

表面酥脆，裡面軟Q的肉桂吐司450日圓。在淺草老字號麵包店「Pelican」的厚片吐司上撒滿肉桂粉。

皮革製品
Kanmi.

東京都台東區雷門1-1-11
TEL03-6280-7225
營業時間：
週一～五11:00～19:00
週六、日及國定假日13:00～18:00
公休：不定時店休
※現在工作室裡有銅鑼燒（♂3歲）。

※也有開設商店
東京都台東區雷門1-2-5
週一～五13:00～17:00
週六、日及國定假日13:00～18:00
公休：不定時店休
http://www.kanmi.jp

「Kanmi.」是一間
皮革製品工作室。
所有員工都愛吃甜食，
因此取了這個名字。

「Kanmi.」裡有療癒員工的大福（♂推定15歲以上）。大福以前是附近的老婆婆飼養的貓咪。老婆婆過世後，牠流落街頭，出現在這間店旁邊時已是遍體鱗傷，店家覺得不忍便收留了牠。才剛用毛巾把牠包起來，牠立刻發出咕嚕咕嚕的聲音，就算急忙送去動物醫院讓醫生聽診，醫生也苦笑地說：「咕嚕咕嚕聲太大了，聽不到心臟的聲音耶。」

設計師石塚女士
如此表示。

由於牠很討厭外出籠，
去看獸醫時都是繫上
牽繩放在腳踏車籃裡。
牠會把手微微地放在
籃子的邊緣上，
簡直就像是電影
《E.T.》一樣。
雖然有1年左右的時間
在獸醫那裡也會發出
咕嚕聲，但牠好像明白了
這裡（醫院）是可怕的地方，
咕嚕聲會嘎然而止。

在工作室
總是和員工
待在一起。
真是太好了呢，
大福！

預定販售的活動限定
鑰匙圈，以大福為原型
（價格未定）。

淺草Little Theatre
(浅草リトルシアター)

東京都台東區淺草1-41-7
TEL 03-6801-7120
營業時間：白天的現場搞笑表演
11:00～17:00
※夜晚會依活動改變時間
公休：全年無休
https://www.asakusa-alt.jp

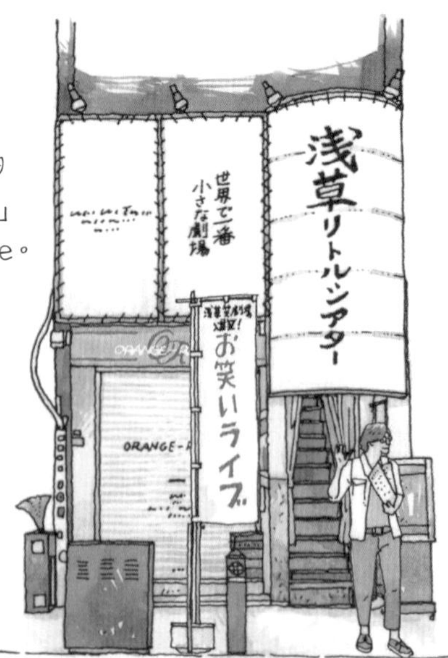

位於淺草六區通的「世界最小的劇場」淺草Little Theatre。白天有現場搞笑表演，夜晚則有戲劇或現場音樂表演等多采多姿的活動。

進行搞笑表演的小哥們精神飽滿地努力招攬觀眾。

與山口先生在一起。

淺草Little Theatre的看板貓萬太（♂4歲）是在出生後2～3個月左右時，從認識的人那裡收養的。小屋主（劇場主人）山口六平先生的女兒不經意地替牠取名為「萬太」。雖然不喜歡被摸，但只要保持適當的距離，牠就會一直待在人身邊。

有時也會從事務所的入口望著外頭。

這天在排練戲劇時，
由於飾演病人的演員請假，
萬太便臨時代班賣力演出。

劇場內。
在觀眾旁邊
自在休息的萬太。

雖然白天會在
劇場後面的事務所睡覺，
不過夜晚有時心血來潮
就會前往劇場，
在觀眾席聽現場音樂表演。

RYOGOKU 兩國

江戶相撲小物
兩國高橋（両国髙はし）

東京都墨田區兩國4-31-15
TEL03-3631-2420
營業時間：9:30～19:00
公休：週日不定時店休
（大相撲東京場所內除外）
http://edo-sumo.d.dooo.jp

「兩國高橋」是傳統的家族式經營的商店。

經常待在櫥窗裡的是小花。

「兩國高橋」是於大正元年創業的訂製棉被與江戶相撲小物（相撲力士使用的日用品）專賣店。在播著相撲甚句的店內，有2隻看板貓。

相撲甚句…日本傳統音樂的一種。在大相撲巡迴演出等活動中，相撲力士會圍成一圈演唱的七五調奏樂歌謠

薄荷出生在商店後方的神社，與母貓失散後，因為迷路而來到這裡。當時全家覺得貓咪是很可怕的動物，而且不容易親近。儘管如此，由於薄荷看起來很可憐，店裡的人還是有餵牠吃飯並送回神社。然而，奶奶卻把牠藏在圍裙裡帶了回來。雖然勉勉強強地開始養貓，不過薄荷成為家人之後，大家都疼牠疼得不得了。現在全家已經變成不折不扣的貓奴，在街上騎腳踏車時，一看到貓咪還會忍不住停下來跟著貓咪走。

討厭抱抱的薄荷與老闆娘。

小花（♀4歲）出生於3月3日。
爸爸是喜馬拉雅貓，媽媽是美國短毛貓。
出生後2個月從認識的人那裡收養的。

睡在有自己名字的
坐墊上的小花。

讓全家變成重度貓奴的
薄荷（♀6歲）。

有點變形的愛心紋路相當可愛。

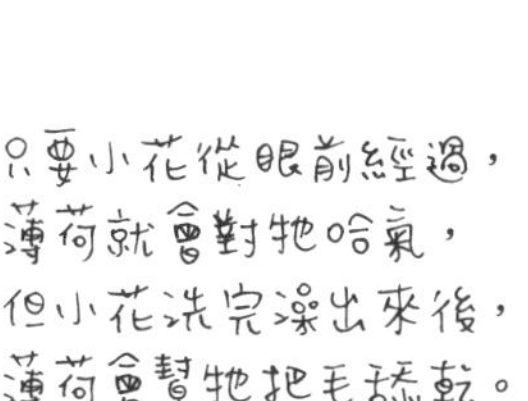

只要小花從眼前經過，
薄荷就會對牠哈氣，
但小花洗完澡出來後，
薄荷會幫牠把毛舔乾。

薄荷與小花的珍貴合照。

相撲的周邊商品也非常多！

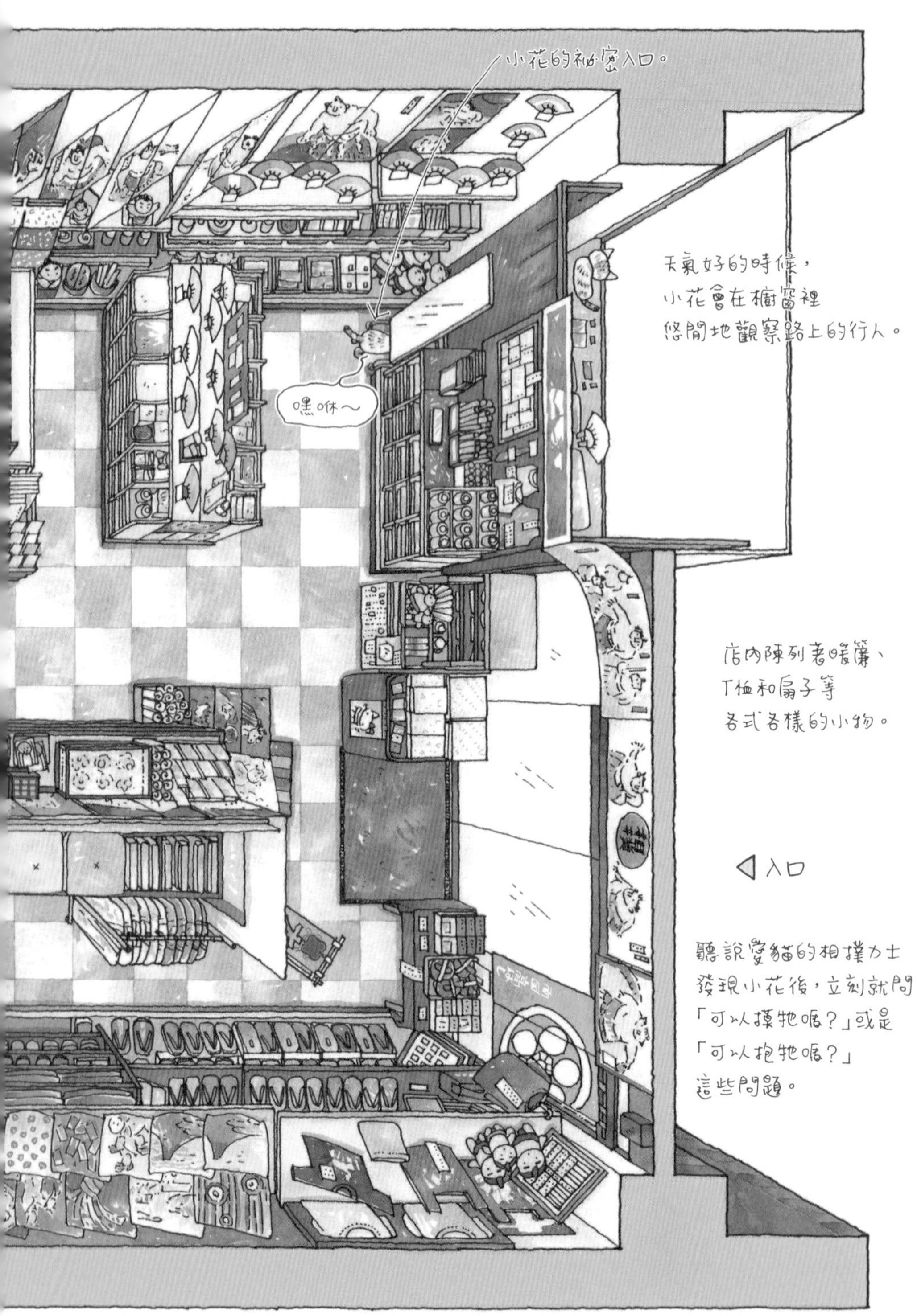
小花的祕密入口。
天氣好的時候，
小花會在櫥窗裡
悠閒地觀察路上的行人。
嘿咻～
店內陳列著暖簾、
T恤和扇子等
各式各樣的小物。
◁入口
聽說愛貓的相撲力士
發現小花後，立刻就問
「可以摸牠嗎？」或是
「可以抱牠嗎？」
這些問題。

中庭有種
貓草喔！
雖然薄荷
很怕寂寞
又愛撒嬌，
但看到陌生人
會有點害怕。
有時會在
傍晚左右
出現在店裡。
歡迎光臨！
小花～
小花個性沉穩且親人，
從來沒有對人哈過氣。
牠會在店內深處的特等席睡午覺。

小花睡完午覺後，
會去巡視店內。
我去檢查囉～
嗅嗅……
嗯～
要不要咬一下
呢～
小花！
不可以咬喔！
老闆娘說道。
嘿，
被發現啦？
嘿咻！
鑽進祕密入口的小花。
正想著牠要去哪裡……

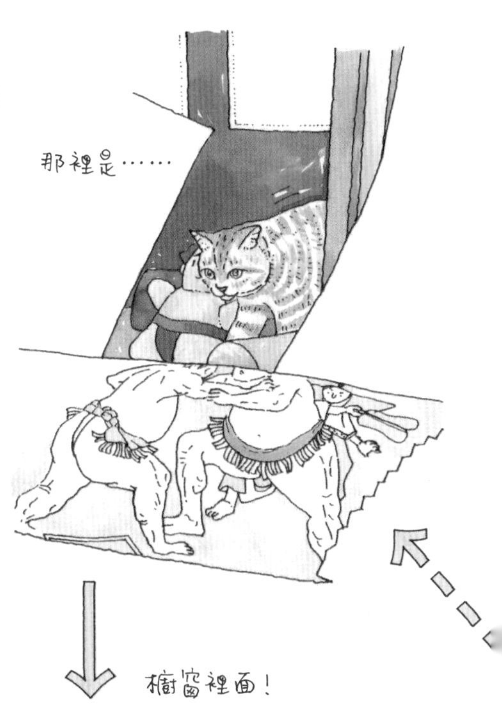

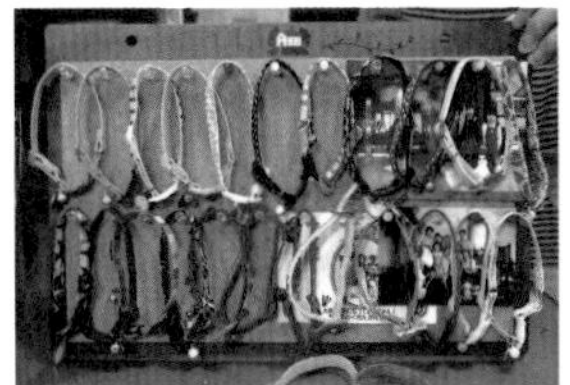

小花的
項圈收藏!!
老闆娘會依
當天心情來選擇
要戴哪一條。

櫥窗裡面！

有時候也會把頭靠在圓筒枕上睡覺。

據說以前有一名路過的男性上班族被櫥窗裡的小花嚇到，
還衝進店裡說：「有（野）貓跑進櫥窗裡了！」

小花與薄荷的相撲力士講座

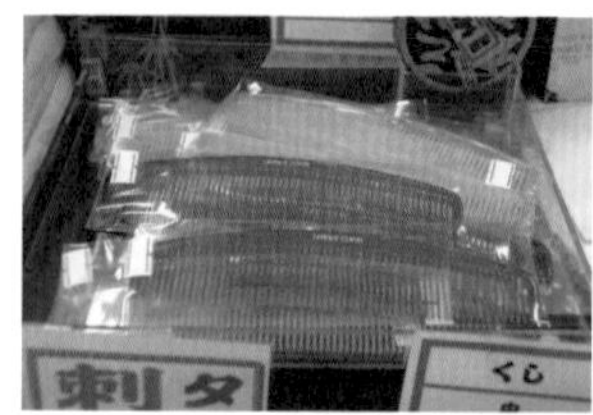

梳子。

元結。
用來紮髮髻的
和紙細繩。

髮油。
用來梳相撲力士的
髮髻。

相撲力士
一踏進店裡，
就會飄來
一股髮油的
甜甜香氣。
他們是來購買
11月九州場所
的必備物品。

歡迎光臨！

相撲力士的日用品有好多種喵～

毛巾和漂白布。

漂白布有時
也會充當繃帶來使用喵～

裝有番付表(排行榜)的
信封。
收到番付表後，再寄給
承蒙照顧的各方人士。

比一般信封
稍微長一點喵～

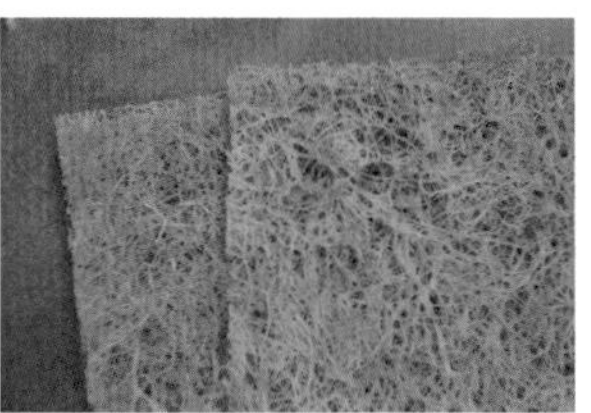

布海苔。用熱水溶解
過濾後，做成糨糊。
為了讓兜襠布下方的細繩
「裝飾穗頭」保持筆直，
每次都會塗上布海苔固定。

押手印用的色紙。
(1箱500張入)

好驚人呀～這個箱子裡的
色紙全部都要押上手印喔～

圓筒枕。

分趾鞋襪。
練習用的分趾鞋襪底部
是使用凹凸不平、具有
強度的布料，稱為石底。

各式各樣的伴手禮。到外地巡迴演出時，
會買來送給承蒙照顧的各方人士。

包袱巾。

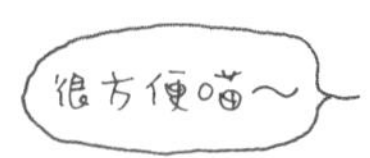

KAGURAZAKA

神樂坂

從都營地下鐵大江戶線牛込神樂坂站步行3分鐘左右。「mugimaru2」位於大馬路稍微往內的地方，由古民家整修而成。在這家店可以享用手工製作的蒸饅頭及各式各樣的飲品，並且還有小寸（♀7歲）與小豬（♂7歲）。

日式饅頭咖啡廳

mugimaru2

(ムギマル2)

東京都新宿區神樂坂5-20
TEL03-5228-6393
營業時間：週一、二、四、五
12:00～20:00／週六、日
12:00～21:00
公休：週三
http://www.mugimaru2.com

2005年開店時購買的2盆常春藤成長得十分茁壯，簡直就像是《傑克與豌豆》一樣。店門前擺滿了小小的盆栽，光是看著就賞心悅目。

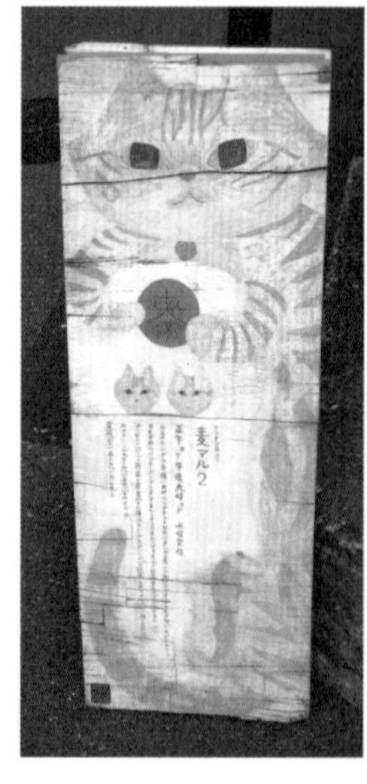

招牌的模特兒是小寸與小豬的媽媽松子（雖然松子現在沒有在店裡，但過得很好）。松子在7年前與流浪貓生了5隻小貓，其中3隻送到了認識的人家中。

小寸還是隻小貓時，常被其他手足搶先而喝不到母乳，因此長得最小隻。小寸這個名字取自「一寸法師」和「尺寸不足」的寸字。

小豬。
由於牠總是咕嘟咕嘟地用力吸松子的母乳，簡直像小豬仔一樣，便取名為小豬。

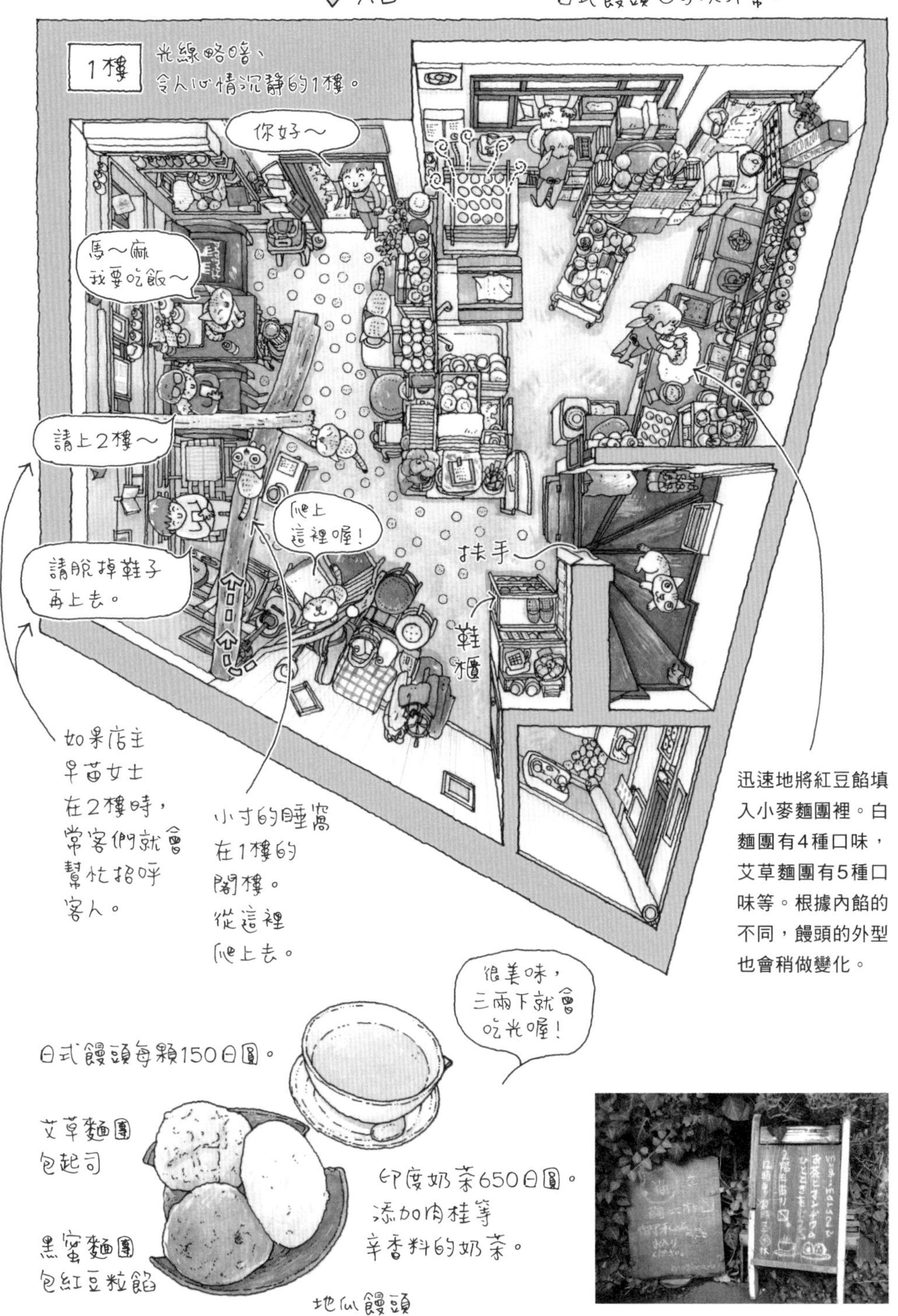

入口
日式饅頭也可以外帶。
1樓
光線略暗、
令人心情沉靜的1樓。
你好～
馬～麻
我要吃飯～
請上2樓～
爬上
這裡喔！
請脫掉鞋子
再上去。
扶手
鞋櫃
如果店主
早苗女士
在2樓時，
常客們就會
幫忙招呼
客人。
小寸的睡窩
在1樓的
閣樓。
從這裡
爬上去。
迅速地將紅豆餡填入小麥麵團裡。白麵團有4種口味，艾草麵團有5種口味等。根據內餡的不同，饅頭的外型也會稍做變化。
很美味，
三兩下就會
吃光喔！
日式饅頭每顆150日圓。
艾草麵團
包起司
黑蜜麵團
包紅豆粒餡
地瓜饅頭
印度奶茶650日圓。
添加肉桂等
辛香料的奶茶。

2樓 爬上2樓，映入眼簾的便是從窗戶照射進來的亮光、彷彿就要滿溢而出的綠意，以及拆掉天花板後所呈現出的開闊空間。

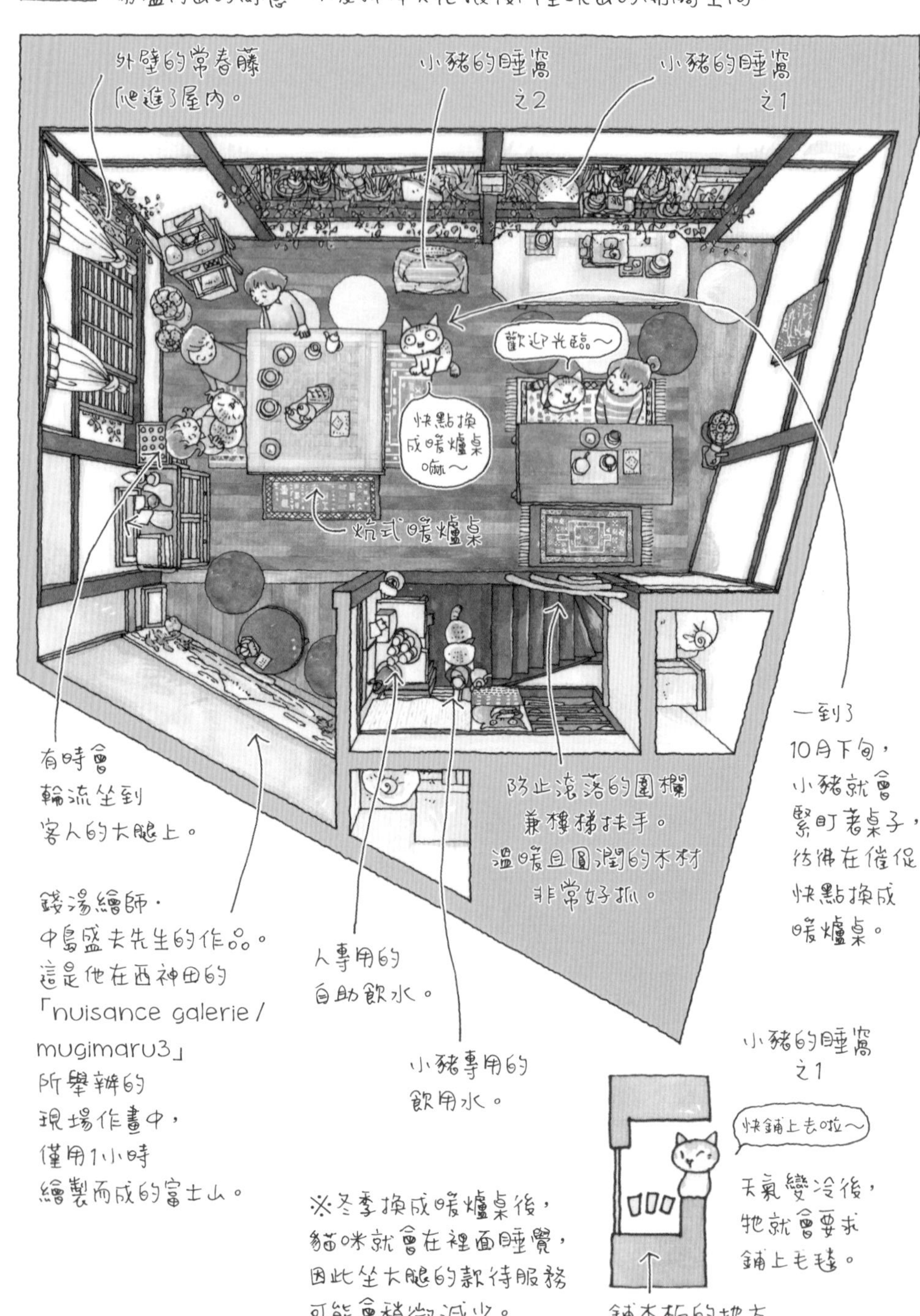

※冬季換成暖爐桌後，
貓咪就會在裡面睡覺，
因此坐大腿的款待服務
可能會稍微減少。

話說，經常會有來自外國的旅客造訪「mugimaru2」。訪日的歐美旅客幾乎人手一本旅遊指南《孤獨星球》，沒想到這本雜誌將「mugimaru2」和日本武道館及東京巨蛋並列刊載於其中。上面介紹「這裡的2樓有毛茸茸的、令人很想觸摸且吸引人注意的東西」。

Oh～♥

2樓「毛茸茸的東西」＝小豬，
真的是很溫柔的服務專家。

小豬
跳上大腿的款待服務
令人感動。

來自加拿大的情侶。
發現小豬後，兩人的心都融化了。

※菜單上也一併
註記著英文。

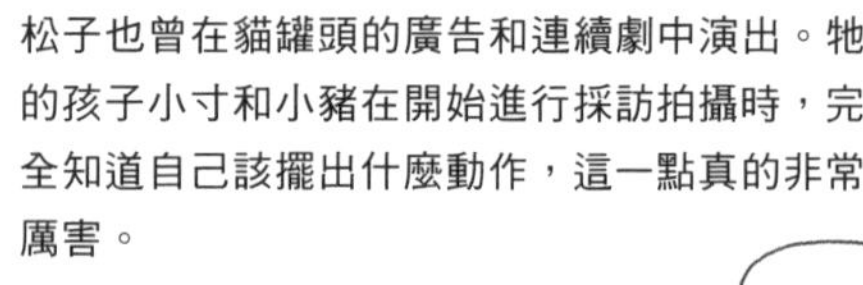

松子也曾在貓罐頭的廣告和連續劇中演出。牠的孩子小寸和小豬在開始進行採訪拍攝時，完全知道自己該擺出什麼動作，這一點真的非常厲害。

名為「GoPro」的
小型輕量攝影機。

某一天的小寸。
正在接受東京電視台的資訊節目
「L4YOU!」的採訪。

接受採訪後，
帶著好心情從外頭返家。
第一件事就是磨爪子。

然後催促著要吃飯。

吃完飯又跑出去。
正想著牠要去哪裡而跟了過去……

小豬活潑開朗且隨和。其實牠在1歲半的時候，曾經整整1週沒回家。牠當時不知是不是出過意外，回家時尾巴根部的神經受損，沒辦法靠自己小便。從此都是由早苗女士1天幫牠擠尿2次。

YANAKA 谷中

咖啡館
Le Prive

東京都台東區谷中1-2-16
TEL 03-3823-6254
營業時間：8:00～19:00
公休：週五（國定假日照常營業）

從東京Metro地鐵千代田線根津站經由言門通，步行3分鐘。裝飾著貓咪照片和小物的店面外觀會讓貓奴忍不住停下腳步。這家名為「Le Prive」的咖啡館，店名法文的意思是「私人房間」。自1979年開店以來，受到當地居民喜愛，週末在谷中散步的人們都會順道造訪。在這間店裡，有3隻很親人的貓咪。

愛貓的老闆娘從認識的人那裡收養的，當時約莫是出生後1個月。

塔蒙（♂10歲）

個性溫和又愛撒嬌。原本一直獨占著老闆娘，但3年後妮娜來了之後，牠就因為老闆娘被搶走而受到打擊，得了圓形脫毛症。

塔蒙不怕小孩子。旁邊是老闆的孫女Honami小妹妹。

緊黏著老闆的嚕嚕（♀9歲）。
塔蒙來了1年後，又收養了
塔蒙的外婆所生的嚕嚕。
牠是年紀比塔蒙還要小的阿姨。

妮娜
（♀7歲）

2007年，有5隻小貓被遺棄在谷中靈園裡。雖然當天就有4隻貓被領養走，但不知是不是花紋的關係，唯獨1隻始終沒有人要領養，牠在雨中叫了2天。第3天早上，小貓知道「再這樣下去就完了！」於是便下定決心，像牛皮糖似地跟在上學途中的女大學生後面，然後在車站的剪票口被她抱起，再交給熟識的店家「Le Prive」收養。妮娜這個名字是來自於幫助牠的女大學生的名字。牠來到店裡時很虛弱，令人不禁懷疑：「這是貉嗎？」據說牠都不從客人的大腿上跳下來，像是在說「我不想再被丟棄了！」一樣。

有時候倉庫外面的圍牆
會出現野貓。
牠是這一帶的混混貓老大。

隔著窗戶
和貓老大
吵架的塔蒙。

老闆娘表示：「塔蒙之所以跟公貓吵架，可能是想以男生的身分保護好妮娜和嚕嚕吧。塔蒙對弱小的孩子很溫柔。以前有隻叫做小酷（♀）的野貓來到窗邊時，牠還會來叫我餵飯給人家吃呢。」

妮娜。大概是明白「反正牠又進不來～」
所以女孩們都裝作不知道的樣子。

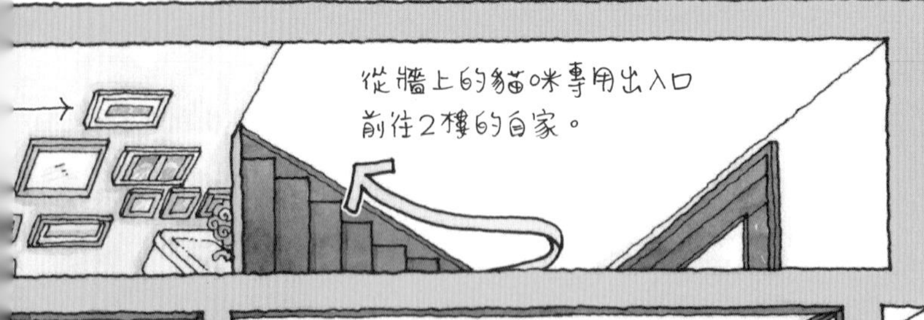

《貓日和》中
也很常出現的
攝影師
板東寬司先生
所拍攝的塔蒙、
嚕嚕和妮娜。

哎呀～
嚇我一跳～

這裡是
前往自家的
出入口喔！

◁ 入口

歡迎光臨！

今天會有
什麼樣的客人
光顧呢～

喔，塔蒙～
你過得好嗎？

板東先生夫婦是
「Le Prive」的客人，
會來這裡吃早餐。
據說老闆和老闆娘是
看了貓雜誌才知道
他是攝影師。

廁所裡
裝飾著許多
老闆喜歡的畫作。

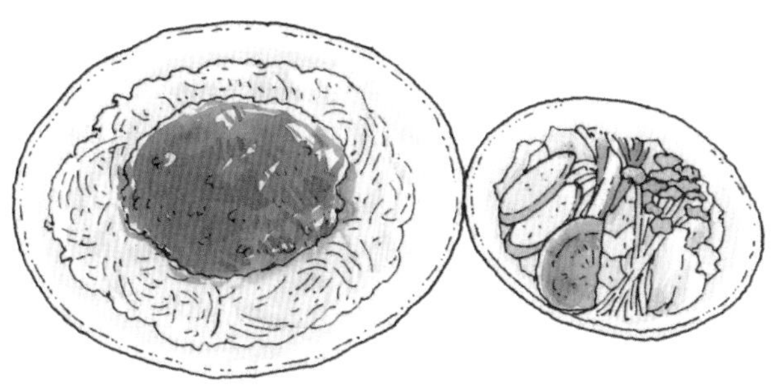

番茄肉醬義大利麵800日圓。(生菜沙拉+100日圓)

番茄肉醬吃起來的口感很紮實，
蘊含令人懷念的古早味。
日式拿坡里義大利麵的粉絲也很多。

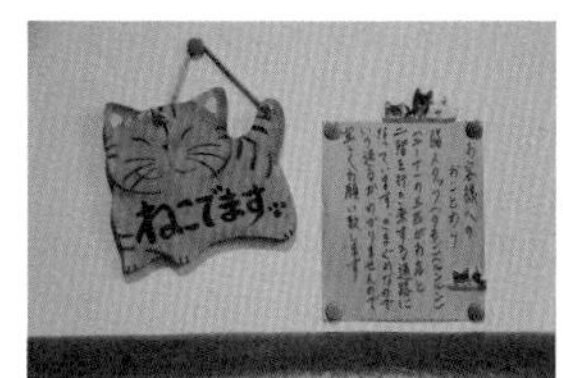

貓出入口的注意事項

對面鰻魚店的老闆娘。
當塔蒙想跳上吧檯時會出聲提醒：「不行喲！」
是一位很愛貓的常客。

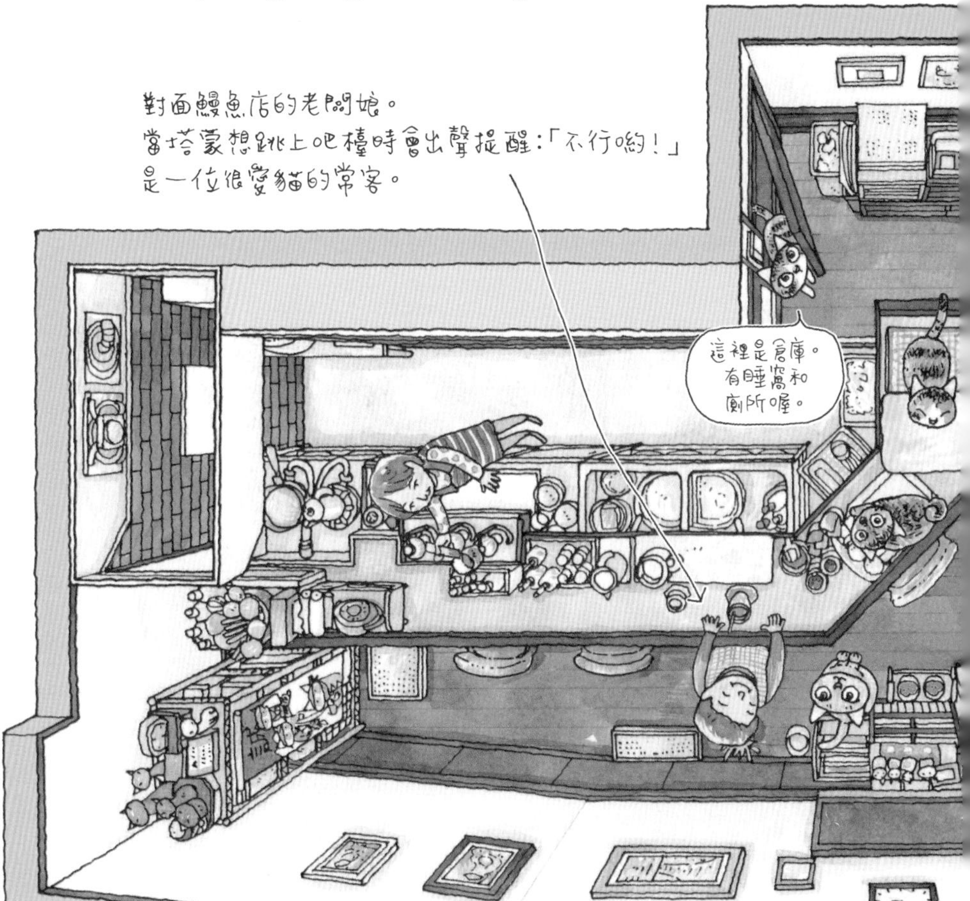

這裡是倉庫。
有睡窩和
廁所喔。

有時會借助客人的手來打開門。

以前為了連載「東西南北 貓之道」而前來採訪時，這個通往2樓自家的貓咪出入口只是一個洞而已。後來在進行內部裝修時，木工師傅問：「請問這個洞是用來做什麼的？」老闆娘回答：「這是給貓咪通過的洞。」由於那位木工師傅很愛貓，便把洞做成貓的形狀。

寫著「這裡是貓咪員工的出入口。請多指教喔。」的字條。

沒想到「Le Prive」有貓咪專用的出入口。

裡面是這樣。

通過樓梯下方，從豎板上挖的洞出來。

從店內

前往2樓自家的樓梯。

在樓梯上製作的出入口。

在那之後……

突然有貓咪出來時也別嚇到喔～

這裡是做成拉門的形式。

不管裡外都是貓

銅板招牌是工藝設計科金屬工藝的學生的作品。據說對方為了製作畢業作品，因而尋找與銅的質感相襯的店家，然後就找到了「Le Prive」。老闆娘還要求將貓咪放在招牌上。

老闆娘表示：「當我感到這位客人喜歡貓時，就會用貓咪杯送上飲料。」

※歡迎貓奴

塔蒙很會照顧人，嚕嚕還是小貓的時候，塔蒙會帶牠從2樓到樓下的店面等處，對牠進行教育。塔蒙也經常協助老闆娘，像是嚕嚕討厭剪指甲，塔蒙就會輕輕咬住牠的脖子，讓牠安靜下來。雖然塔蒙也很疼愛妮娜，但對於不懂規矩的妮娜，教育似乎進行得不是很順利。

也許是剛出生就被遺棄，
沒有從手足身上
學到貓界的規矩，
所以妮娜總是
想做什麼就做什麼。

一直都很
沉穩安定的嚕嚕。
不諂媚討好的模樣
令人覺得
「這才是貓主子呀！」

下午3點以後客人減少，大家便會各自跑出來，可以難得地看到3隻貓排排站的模樣。3隻貓都保持著適當的距離，彼此相當友好。

塔蒙有很多粉絲。
有的人還會1年1次
從九州過來見牠呢。

老闆娘如此表示。

嚕嚕很愛老闆。只要老闆叫牠，
牠就會開心地回應或
做出撒嬌的舉動。

客人為了拍照
而繞到正面，
但是嚕嚕
撇開頭了。

妮娜太過親人，立刻就會跑過來，
所以很難對焦。拍貓是一件很困難的事情。

新座（埼玉）

從JR武藏野線的新座站南口步行6分鐘的住宅區之中，開設了一間古董＆咖啡廳「garland」。2005年開店當初，原本是在販賣店主德生女士親手製作的乾燥花和木工品。她將自己收集的古董放在店內展示之後，許多客人表示希望能買下，於是便開始販賣古董。店內有一隻有點膽小但很親人的露露（♂7歲）。

古董＆咖啡廳
garland

埼玉縣新座市野火止6-3-8
TEL048-202-3010
營業時間：10:30～18:00
公休：週一、二、日
（週六遇國定假日則公休）
http://garland99.exblog.jp

也可以在四季應時花卉綻放的庭園中享用茶。

露露出生後3個月左右，店主從朋友那裡收養了牠。牠的個性很膽小，來的那天一直躲在印表機後面，花了大約1個星期才適應環境。露露這個名字是之前就取好的，店主覺得聽起來很像女孩子而想要改名，但叫了聲「露露～」後，牠就會看向這邊，所以全家決定維持這個名字即可。

露露從外面回家時會從這裡進來。

手工製作的架子和日用品在更換擺設時會進行販售。

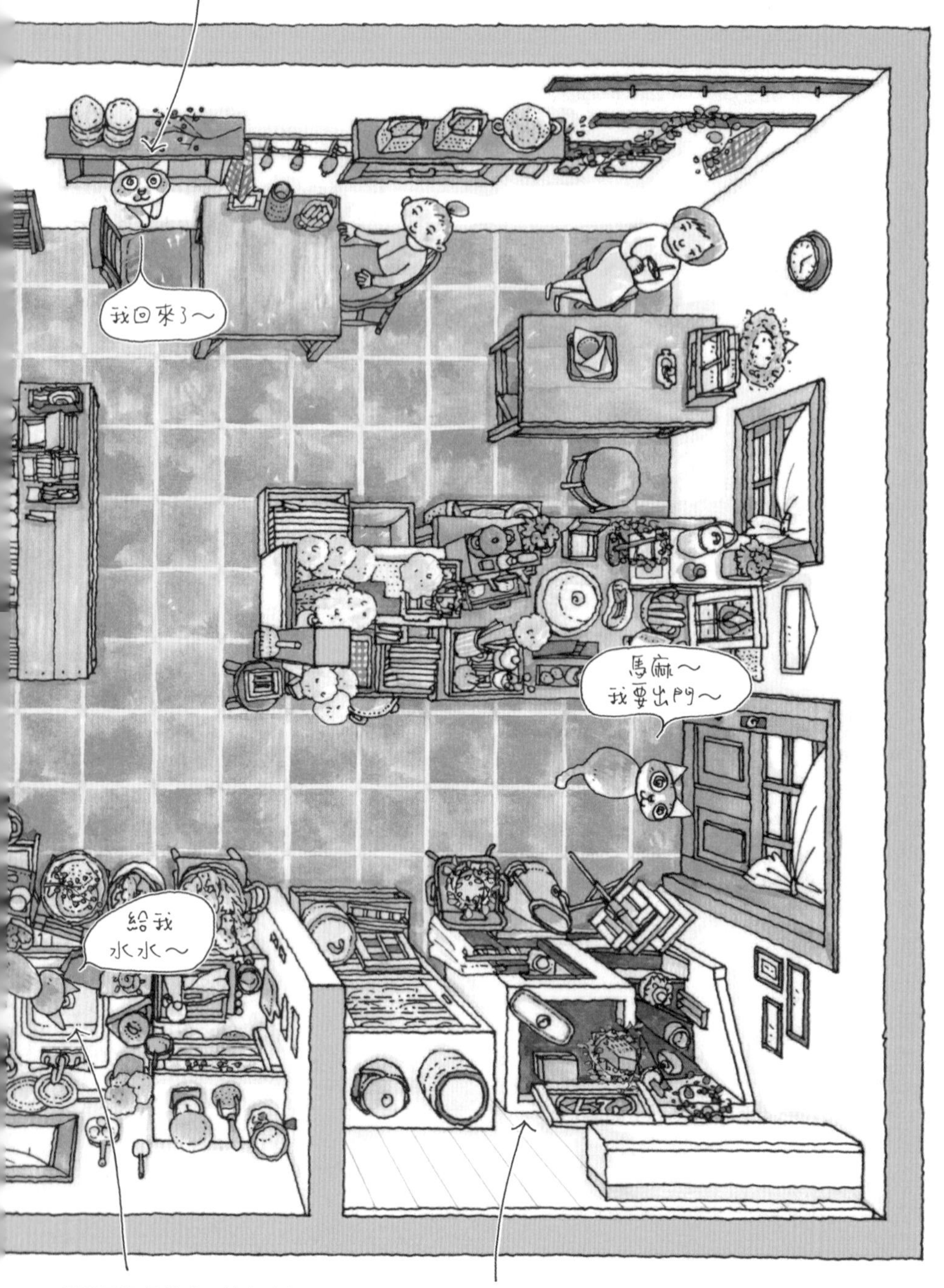

夏季天氣很熱時，牠會跳上吧檯，等著人家拿水給牠喝。

露露很喜歡階梯，德生女士就為牠做了貓跳台。然而，露露卻怕到僵住不動。沒辦法之下，只好拿來當作店內的展示架。

「想要一邊欣賞庭園的玫瑰花，
一邊喝茶」，為了回應顧客的要求，
2014年9月起開設了咖啡廳。
將擺放木工材料的儲藏空間
改成廚房。花了3個月的時間，
除了水管和電路外，
壁櫥和吧檯等全都是
手工製作完成的。

露露爬上自家空間和店內廚房之間的窗框，吸引店主的注意。

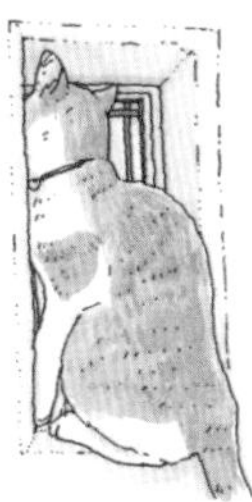

←從自家方向看過去的示意圖。露露緊抓住短短幾cm的立足點。

油炸鍋。在這裡炸Malasada（夏威夷的炸麵包）。

露露是從店面的入口外出。

牠會先看一下情況，
或是在地上打個滾……
然後出門巡視。

好，出發囉！

在住家附近巡視一遍後
牠就會回家，不過……

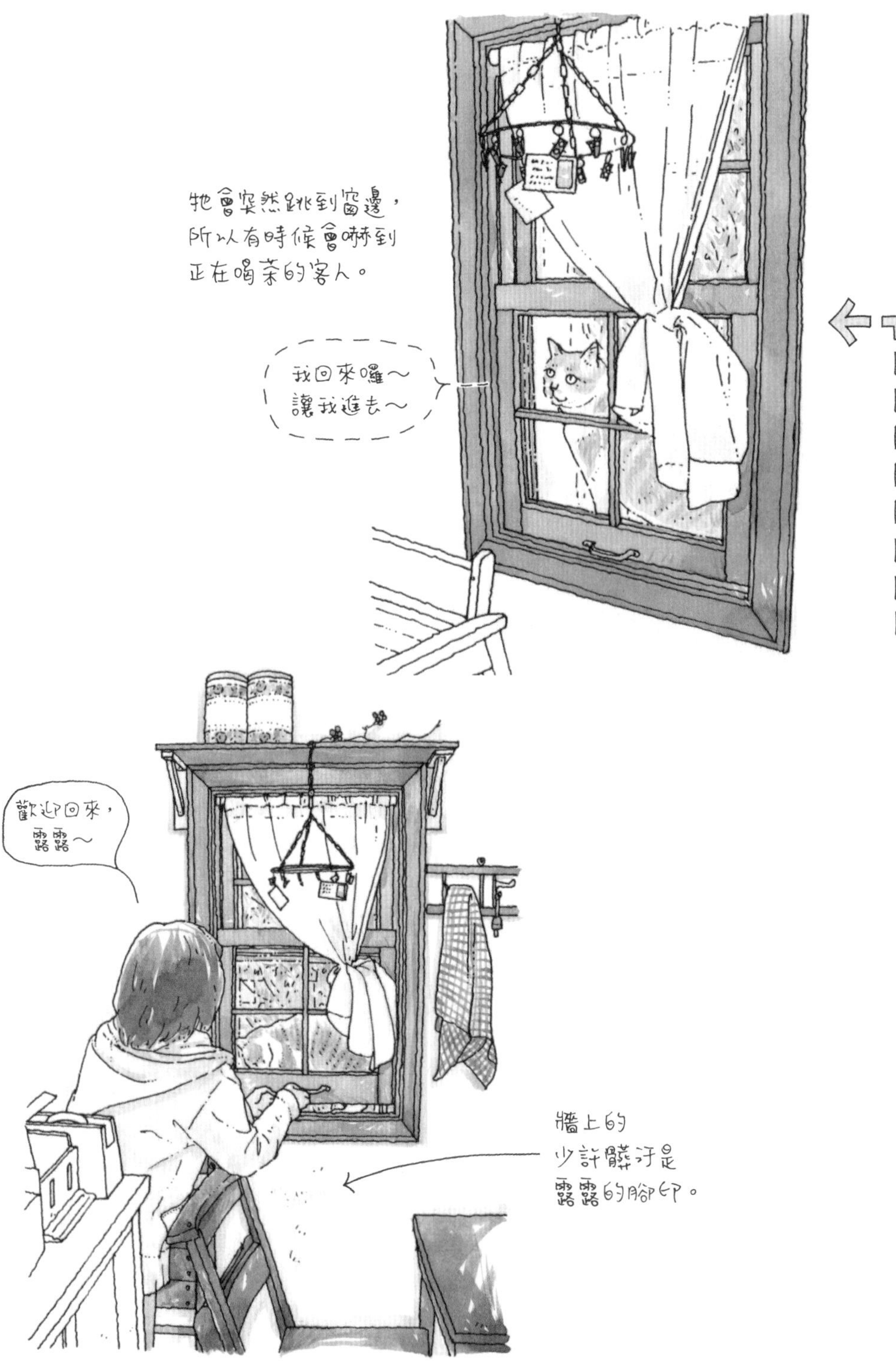
牠會突然跳到窗邊，
所以有時候會嚇到
正在喝茶的客人。
我回來囉～
讓我進去～
歡迎回來，
露露～
牆上的
少許髒汙是
露露的腳印。

露露的
雜貨與美好生活小妙招

蕾絲窗簾是將蟬翼紗與綿紗布重疊而成。

可以2片一起放下

或是只放下1片。

藉此來調整
光線的亮度。

將2片一起攏緊，
再用鴨嘴曬衣夾
固定住喵～

小花的塑膠花盆只要放進
油紙袋裡，就會變成
很棒的室內擺飾喵～

雖然露露是個超級膽小鬼，
但不知道為什麼牠很喜歡
讓人用吸塵器吸背部。
也不怕沖澡和吹風機喔！

也有形形色色的
古董彩繪玻璃。
有的裝飾在玄關，
有的組裝在門上。

這是馬麻做的園藝小屋喵。
把彩繪玻璃窗拿來當作門
使用喵～

輕逸飄柔的
三色堇
在放置1天後，
就會變成
這樣的感覺。

將庭院中
綻放的花卉
做成乾燥花。
散發著紫羅蘭和
三色堇的香氣。
除此之外，
還會將
珍珠繡線菊、
牛至和繡球花等
做乾燥處理。

冰香蕉巧克力420日圓。
將底部的巧克力攪拌後再喝喔。

軟綿Q彈的口感
實在無法抗拒喵～

點餐後才入鍋油炸、
熱呼呼的Malasada 180日圓。

將用酵母發酵的麵包
放入鍋中油炸，
然後撒滿細砂糖＋肉桂粉。

Malasada原本是葡萄牙的糕點。
隨著移民一同來到夏威夷，
並在夏威夷推廣開來。

疼露露疼得不得了的德生女士。

要一直～一直
健健康康地活到老喔，
露露。

NISHIOGIKUBO

西荻窪

「舊書 庭鳥文庫」於2005年6月開幕。由於當時是酉年（雞年），店家想要取個不會太過可愛，也不會太過陽剛的鳥名，於是便取名為「庭鳥文庫」。店內的書很豐富，有繪本、童書、科幻以及昭和30年代左右的偵探小說。

舊書 庭鳥文庫
（にわとり文庫）

東京都杉並區西荻南3-17-5
TEL03-3247-3054
營業時間：12:00左右～20:00左右
公休：週二
http://niwatorib.exblog.jp

在JR中央線西荻窪站南口的平和通上，有隻被稱為西荻最凶貓的凸頂柑（♂6歲）。很好奇牠是怎樣的一隻貓嗎？當有人覺得「好可愛喔～♡」而想靠近牠時，牠就會狠狠地瞪著對方；要是糾纏不休試圖摸牠的話，就會被牠猛力咬住不放。至今已經不知有多少人被送進醫院了。儘管如此，居民還是很友善地給予關懷，是一隻擁有不可思議魅力的貓咪。

其實凸頂柑的老家是水果店「中村屋」，但是牠會在附近的各家店進出。當中牠最常光顧隔壁的「舊書 庭鳥文庫」。

初次見面
就遭到威嚇了……

但田邊先生
一揮動逗貓棒，
牠就一臉開心地
跑來跑去。

凸頂柑最愛的逗貓棒。

為了採訪，店長田邊先生
抱著必死的決心幫忙把牠帶過來了。

堅決明確！

因為很危險，
請不要觸摸
在店內的
凸頂柑喔！

在店內躺成大字形
睡覺的凸頂柑。
看到不知情的客人想觸摸牠時，
田邊夫妻就會提心吊膽地說：
「很危險的，還是別摸牠
比較好喔……」
當不喜歡貓的客人在店內
專注地盯著書籍時，
若是凸頂柑正好來了，
他們還會忍不住出聲引導：
「請從這裡逃出去吧。」

牠有時會在入口附近
招攬客人。

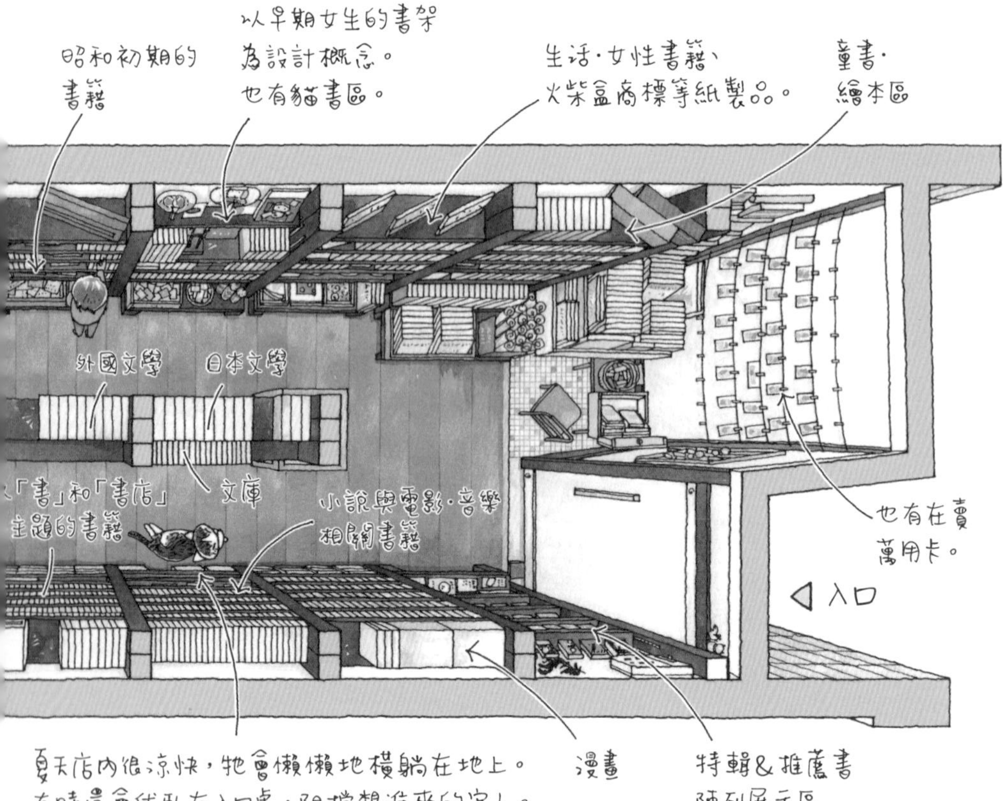

以早期女生的書架
為設計概念。
也有貓書區。

昭和初期的
書籍

生活·女性書籍、
火柴盒商標等紙製品。

童書·
繪本區

外國文學

日本文學

文庫

「書」和「書店」
主題的書籍

小說與電影·音樂
相關書籍

也有在賣
萬用卡。

◁ 入口

夏天店內很涼快，牠會懶懶地橫躺在地上。
有時還會伏臥在入口處，阻擋想進來的客人。

漫畫

特輯&推薦書
陳列展示區

雖然凸頂柑現在
老是在哈氣，
但牠剛來的時候
小小隻的，
非常可愛呢！

庭島文庫
部落格裡的店員．
河童Katan如是說。

凸頂柑的磨爪板
偷藏在書架下面。

牠很喜歡這裡的椅子，會固執地逼別人離開。
有時也會直接睡在老闆娘的大腿上。
老闆娘表示：「因為不能隨便碰牠而無法
動彈，這段時間都戰戰兢兢的。」

漂亮的
櫥窗裡擺著
稀有書本！

藝術
書籍

建築．設計．
美術
相關書籍

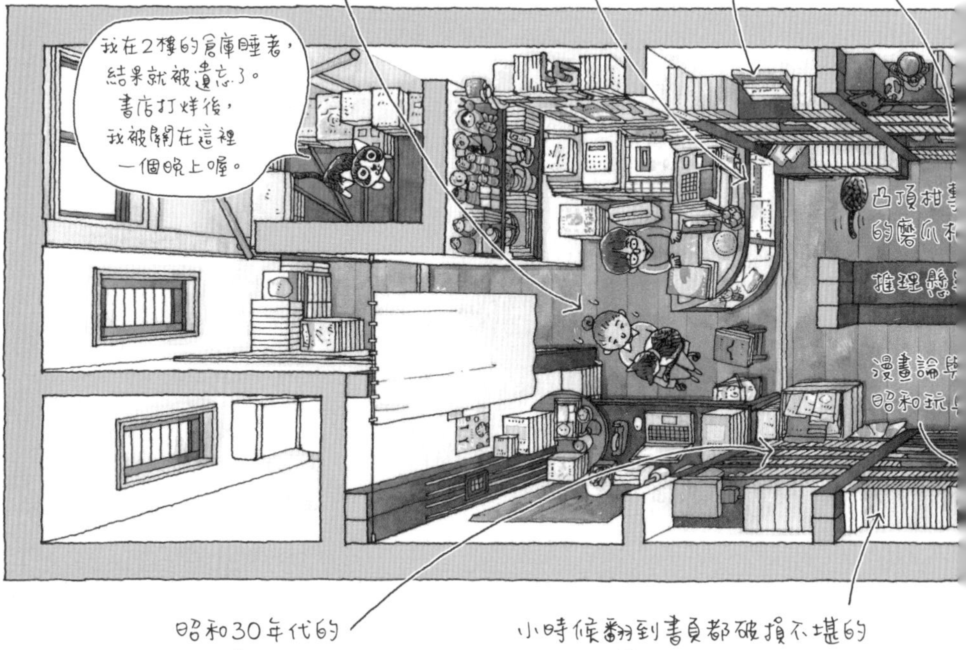

我在2樓的倉庫睡著，
結果就被遺忘了。
書店打烊後，
我被關在這裡
一個晚上喔。

昭和30年代的
少年偵探．科幻作品。

小時候翻到書頁都破損不堪的
光文社《原子小金剛》。好懷念喔!!

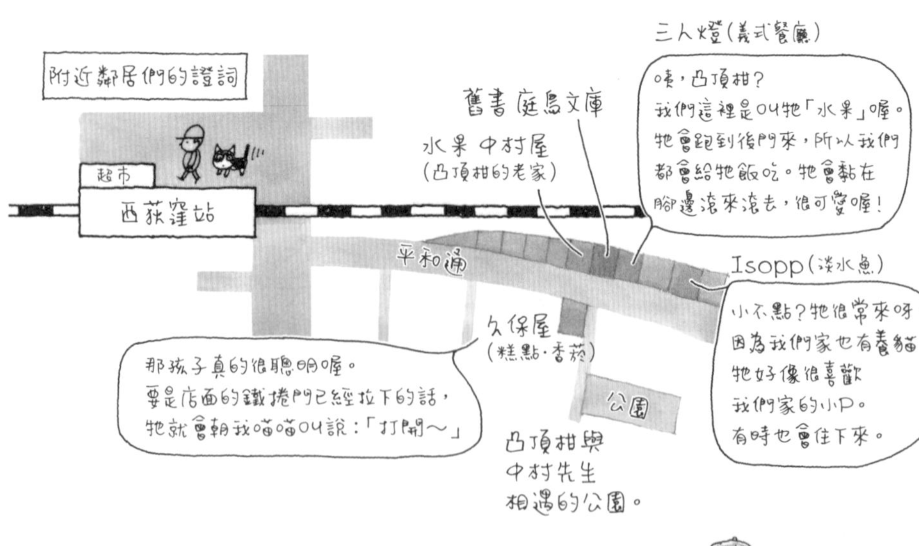

2008年時，經營水果店的中村先生在公園撿到出生才1個月左右的小貓，便將牠帶回家飼養。小貓剛來的時候，庭鳥文庫的田邊先生問中村先生：「牠叫什麼名字？」中村先生則回答：「還沒取耶。」田邊先生不經意地看向小貓，發現牠正好端坐在竹篩上，後面插著寫有「凸頂柑200日圓」的牌子，相當可愛，於是便提議：「叫牠凸頂柑如何？」凸頂柑非常喜歡中村先生，不管中村先生對牠做什麼，牠都十分乖巧溫順，令人相當吃驚。牠這陣子熱中於跟蹤。據說曾經一路跟著中村先生越過車站到北口的超市。中村先生在超市裡才發現凸頂柑跟過來了。

＊庭島文庫的各種目錄＊

目錄是舊書型錄
販賣清單，告訴客人
我們有賣哪些書。
會寄給常客喔。

貓書非常受歡迎。

主要經手繪本和童書。

聽說特別致力於收集POPLAR社的少年偵探和科幻作品。

還有
木芥子
和雜貨。

Katan
庭島文庫店員

Katan與凸頂柑的
舊書講座

凸頂柑

喂！
河童～

沒禮貌！
我叫Katan啦！

舊書是怎麼
來到店裡
的呢？

這個嘛……
聽說方法
有2種。

① 跟客人收購

② 在市場＊買賣

＊市場…各舊書店聚集在一起，互相交換採購之書籍的舊書交換會。

因為基本上是二手書，所以會跟想賣書的客人買書，不過有時會缺乏符合店家風格的書籍，或者原則上是庫存各1本，但有時卻有重複。

於是就要去市場囉。市場是舊書的交換會。去採購想要的書時，也可以賣掉跟客人買來的書。

※僅限舊書公會加盟店參加。

以物易物？

是投標啦！

那麼，我們家店長
是怎麼做的？

呃……

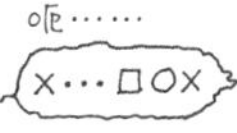

買到書後，
首先就是清潔。來，
凸頂柑也做做看。

祕傳的液體。
每家舊書店的
內容物都不同。

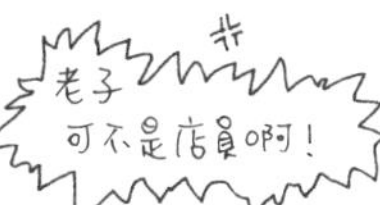

用沾有這種
液體的布
來擦拭喔！

用刷子清潔舊書的裁切邊。

把損壞的部分修補好後，
才會標上價格喔！

HIBARIGAOKA

雲雀丘

在西東京休憩之森公園的入口處，有一間名為「森林小徑」的音樂咖啡廳，綠色的尖屋頂和黃色的外牆令人印象深刻。看板貓小雪（♀4歲）是在2009年8月來到這家咖啡廳的。在世田谷的咖啡館得知某個NPO團體將舉辦尋找收養人的送養會後，愛貓的老闆娘和老闆便抱著「去看看」的想法前往。在送養會場裡，只要一接近小貓，牠們就會喵喵叫地靠過來，但有隻看似美國短毛貓的小貓怯生生地縮在籠子角落，感覺是當中最瘦弱的一隻。牠的眼睛非常漂亮，老闆一看就很喜歡，於是便決定收養牠。然而回到店裡後，視線才稍微離開，牠就趁機溜得不見蹤影。兩人一想到牠有可能逃到了外面，頓時臉色發白。隔天早上兩人心情都很低落，這時從某處傳來了貓叫聲。兩人拚命地尋找時，牠便從廚房的水槽下方跑了出來。雖然牠是因為害怕才躲起來，但似乎是餓到受不了了，老闆娘和老闆見狀都安心地鬆了一口氣。

音樂咖啡廳
森林小徑
（森のこみち）

東京都西東京市緑町3-4-7
TEL042-468-9525
營業時間：14:00～16:00
營業日：週五～日
※營業日以外可依需求提供演唱會或派對包場
http://www.morinokomichi.com

名字是在回程的車上決定的。由於希望名字帶有日本風，並且聽起來像人類小孩的名字，便取名為「小雪」。

小雪來到店裡之後，老闆就設計出這塊招牌。

常客發現小雪後，就會跟牠搭話。

小雪起初並不會出現在店裡。由於牠想和老闆娘與老闆待在一起，於是試著讓牠來到店裡，沒想到牠很鎮定，還會讓客人摸摸牠說「好可愛呀」，相當擅長服務客人。於是，小雪就這樣成為看板貓了。

小雪會固定待在大鋼琴上面。牠非常喜歡聽老闆娘彈鋼琴，往往會聽得很入迷。

店面的入口是無障礙設計，讓嬰兒車和輪椅也能進入。2010年改裝店面時，擺了一台大鋼琴。這是因為老闆娘希望「大家能夠一起享受音樂」。小雪很喜歡待在鋼琴上面。散步回來後，牠會直接跑到鋼琴上。先將全身舔過一遍，再一邊望著外頭一邊睡午覺。小雪是一隻聽話、溫和又沉穩的貓。當客人詢問：「可以抱牠嗎？」而老闆娘回答「可以」之後，即使牠正在鋼琴上放鬆休息，也會靜靜地讓人抱起來。只不過雖然牠絕對不會在店內磨爪子，但據說老闆娘的床和主屋的椅子、牆壁都破損不堪。

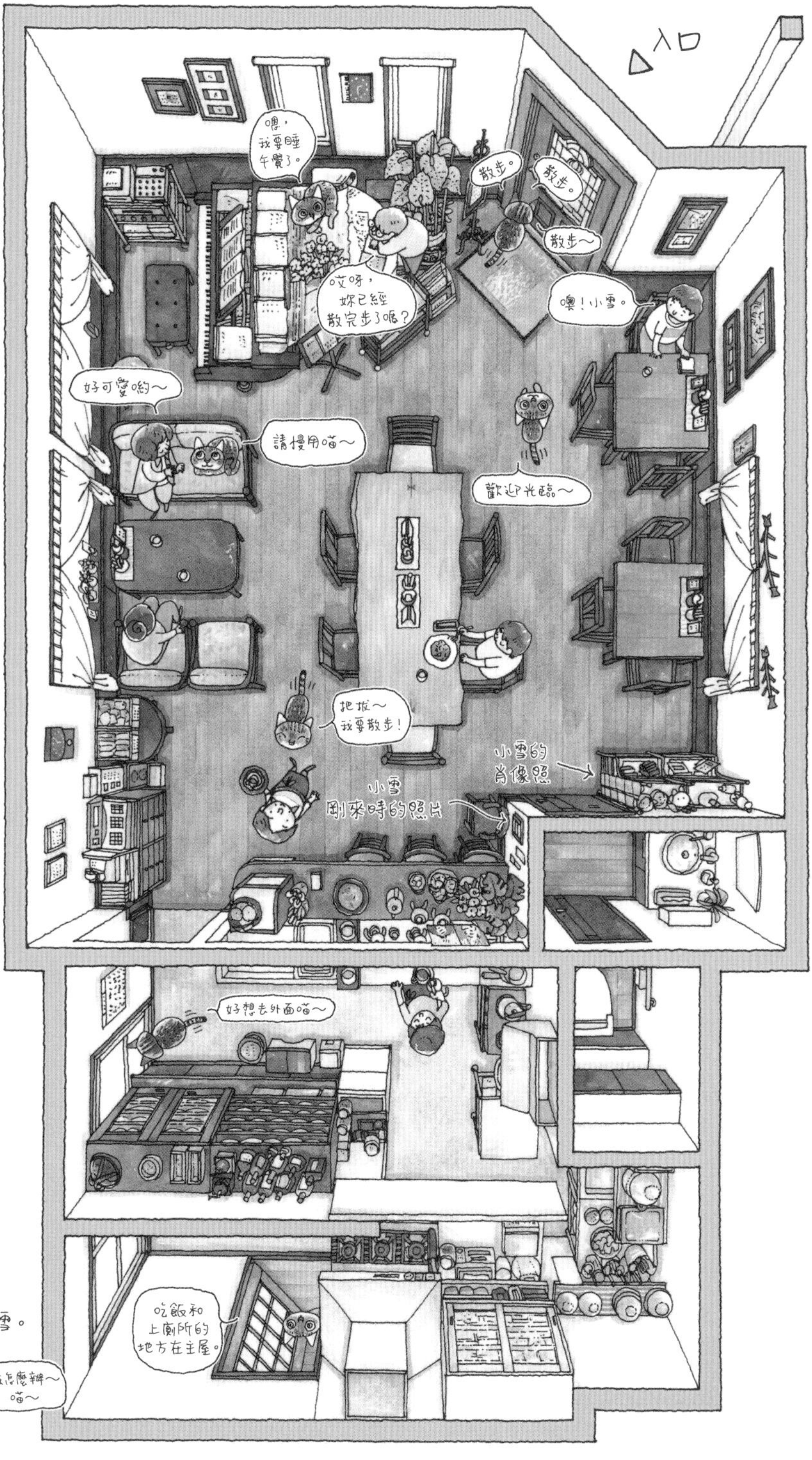

由於六日會有許多特地來看小雪的客人，

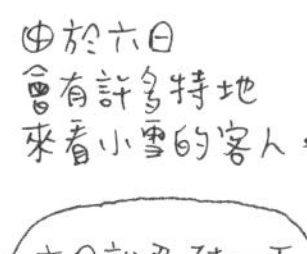

因此老闆娘如此拜託小雪。

以前都是老闆娘的媽媽
幫牠套上牽繩帶牠去散步……
但牠現在不僅學會了如何打開紗窗，
還會不斷趁店門打開之際逃走。

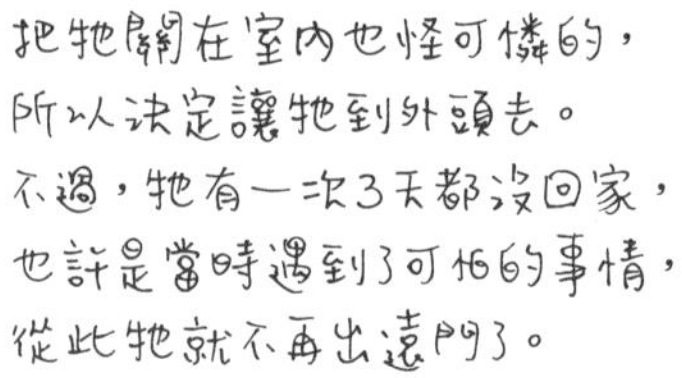
把牠關在室內也怪可憐的，
所以決定讓牠到外頭去。
不過，牠有一次3天都沒回家，
也許是當時遇到了可怕的事情，
從此牠就不再出遠門了。

死對頭小黑

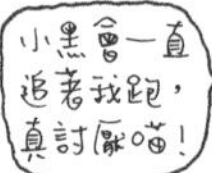

檢查了
一陣子後，
就前往
與小虎
約好的
地點。

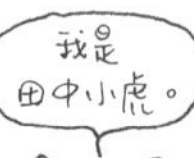

住在附近的
小男友。

這天被小虎甩了，
原本正打算從2樓回家……

牠決定不從2樓進去，
而是從店面旁邊的階梯回家。

小雪的肖像照。(快滿1歲之前)
銷售額會捐給當初送養小雪的NPO團體。
牠還是小貓時，看起來是灰色的美國短毛貓，但隨著慢慢長大，毛色也產生了變化。到了現在，灰色的部分都變成紅褐色了。據說牠很喜歡小寶寶，如果有嬰兒車來店裡的話，牠就會主動靠近。

這是小雪剛來店裡的時候(出生後3個月)，照片是客人幫忙拍攝的。

小雪的寶物。
黏著許多東西的逗貓棒。
聽說牠會自己帶過來要人陪牠玩。

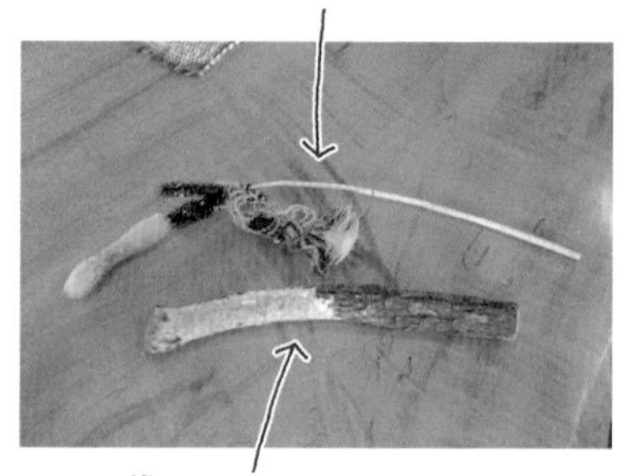

木天蓼棒。由於小雪啃得太厲害，樹皮都剝落了。

加了茄子、青椒、德式香腸和洋蔥的日式拿坡里義大利麵(附沙拉)650日圓。

美味的祕密在於友人製作的番茄醬汁。

友人脫離上班族的身分後，開始在長野從事農業工作，番茄醬汁就是用友人田地採收的無農藥番茄製作的。

販售東日本大地震的受災地·仙台的人們親手製作的小物。環保菜瓜布有附上製作者的幾句話。

以每年2次的爵士音樂會為首，
店家主辦各式豐富多元的活動。

第4個星期日15:00～16:00是「音樂廣場」。
想演奏的人、想唱歌的人、想聆聽的人，
全都能夠一起享受音樂。

愉快地彈奏《My one and Only Love》等3首曲子的男性。

彈奏拉赫曼尼諾夫的《鐘》的男性。
小雪整個睡死了。

輪唱等活動
非常有趣喔～

第2個星期五14:00～16:00是「歌曲廣場」。
從童謠、抒情歌曲到流行歌曲，根據不同的點歌要求，大家一起唱30首左右的歌曲。

在參加者的伴奏下，大家一起唱歌。

老闆娘表演
正在學習的篠笛。
一開始吹篠笛，
小雪不知為何
就會逃走。

得到小雪的認可就能獨當一面了。

老闆如此說道。

老闆娘表示：「我每次都很期待會是什麼樣的廣場。也能跟初次見面的人同樂。這就是音樂的力量喔。」

MINAMIAOYAMA 南青山

從東京Metro地鐵銀座線・半藏門線・千代田線的表參道站步行5分鐘，就會看到修鞋店「COBBLER NEXT DOOR」（附近的修鞋師傅），裡面有隻善於待客的貓小梅（♀5歲）。店主夫妻MASA先生與IZUMI女士散步經過公園時，發現小梅與漂亮的三花貓媽媽和5隻小貓一起住在這裡。由於小梅很親人地跑過來，紅紅的鼻子看起來很像醃梅乾，便取了「梅」這個名字。後來有一天，保健所在公園設置了誘捕籠。他們著急地搜尋時，小梅衝了過來。由於其他貓咪似乎都逃走了，他們便將小梅帶回家。

修鞋店
COBBLER NEXT DOOR

東京都港區南青山3-5-3 2F
TEL03-3402-1977
營業時間：週一～四 12:00～20:00／週六、日及國定假日12:00～18:00
公休：週五
http://london-cobbler.com

英國國旗與可愛貓咪的招牌是標誌。招牌的畫是由MASA先生繪製的。以小梅和以前飼養的2隻貓為原型。

等待修理的鞋子們。

楦鞋器
將太緊的鞋子撐開的機器。

工房的機器是從英國訂購的。聽說也有學習自己動手維修。

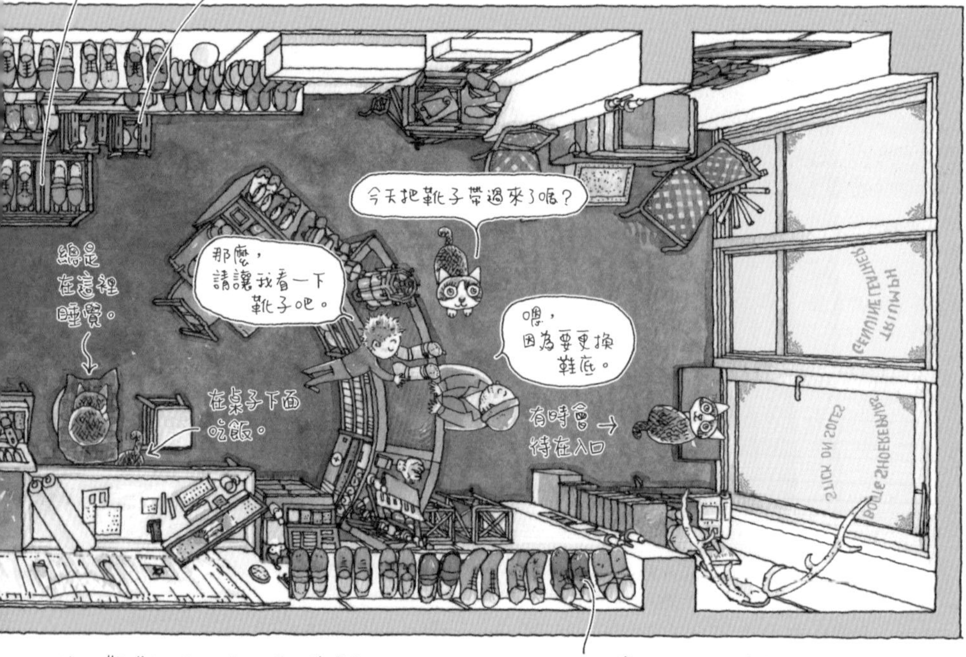

今天把靴子帶過來了嗎？

那麼，請讓我看一下靴子吧。

嗯，因為要更換鞋底。

總是在這裡睡覺。

在桌子下面吃飯。

有時會待在入口→

入口

室內裝潢配合小梅以黑白為基調。家具和小物是英國的古董。

排列著100～200年前的靴子樣品和鞋子。

「COBBLER NEXT DOOR」裡還有另一隻貓，叫做二星Kobukiyo（♂3歲）。剛出生沒幾天的牠在原宿的草叢裡嗚叫時，便被帶回去安置。原本小到可以鑽進靴子裡，現在卻變成7kg的巨漢。體型大到會被誤以為是中型犬。胸前有兩處形似星星的白色花紋，所以名字裡有二星，再加上「COBBLER」的「COBB」和MASAKIYO先生的KIYO，就變成二星Kobukiyo了。由於不能弄壞背包，因此現在牠都負責看家。

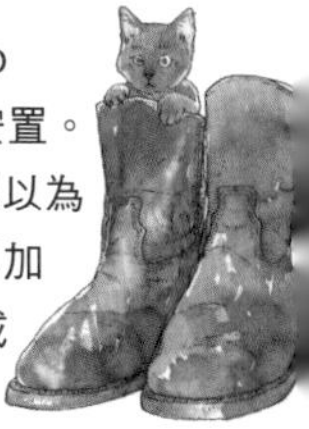

壓底機　黏合鞋底和鞋跟時進行加壓的機器。

修鞋機　被英國的COBBLER們叫做「Baby」的最重要機器。可以進行剪裁、刷洗和修邊等等，逐步完成靴子和鞋子。

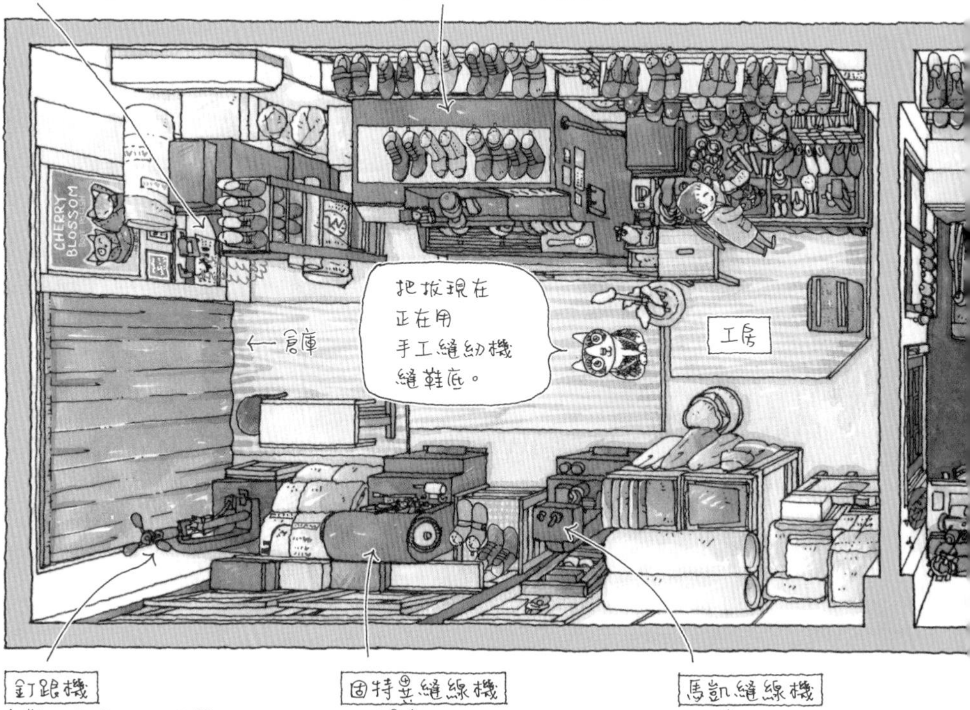

CHERRY BLOSSOM

把拔現在
正在用
手工縫紉機
縫鞋底。

←倉庫

工房

釘跟機
安裝女鞋鞋跟的機器。

固特異縫線機
固特異製法所使用的縫紉機。

馬凱縫線機
馬凱製法所使用的縫紉機。

英國小學會貼介紹職業的海報，「COBBLER」（修鞋師傅）會和麵包店師傅等並列在一起。據說小孩子也會把鞋子帶到店裡請師傅Repair（修理），這是非常普遍的現象。MASA先生在倫敦的Shoe Repair Shop（修鞋店）待了6年，是第一個進行「COBBLER」修業的日本人。自從2010年開業以來，他一直都是以英國製品為中心，修理法國、義大利製的靴子&鞋子等等。

把拔～辛苦了。

有各式各樣修業時代使用的東西，以及從英國訂購的工具。多樣化的零件和工具種類令人咋舌。

雖然我非常想聽關於工具的事情，但專業術語太多了，大概要花上10年才有辦法聽懂，所以我便放棄了。

正在商量更換
機車靴大底的
客人。

歡迎光臨～♥

啊…頭髮好短…

仔細聽客人說話的MASA先生。
即使是穿到破舊不堪的鞋子，他也會與
客人一起思考最妥善的方法，再著手修鞋。

小梅很愛帥哥。
尤其喜歡像爸爸那樣
擁有飄逸長髮的男性。

聽我說！聽我說！

我最～喜歡
馬麻了～♥

萬歲——
牠很擅長做這個動作。

來！
小梅～

愛撒嬌的
小梅。
牠以前是天天
跟著一起上班，
但老是在撒嬌，
造成工作上的妨礙，
所以現在只有星期六會上班。

小梅與kobu的修鞋講座

這次的客人拿來的機車靴
(Frank Thomas復古款)
大底(鞋底)隨著經年累月的劣化，
已經脫落了。

哎呀～

Kobukiyo　小梅

這雙靴子是採用膠合製法(用黏著劑緊壓黏住)，但由於經年累月的劣化，判定為無法重新黏合。
因此以馬凱製法(縫合)
來進行修理。

鞋面(本體)

將變得硬梆梆的鞋床
(腳直接踩踏的部分)取出，
換上新的鞋床。
然後裝上鐵心(相當於
人類的脊椎)。

鐵心

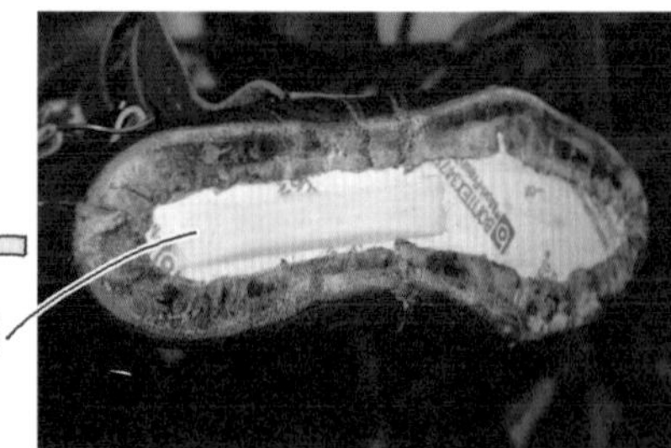

馬凱沿條

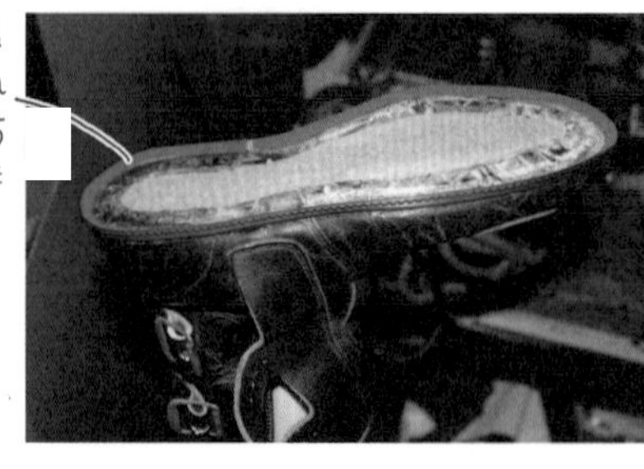

接著重新鋪滿軟木，
加上馬凱沿條。

加上橡膠中底。
※沿條與中底是緊壓黏住大底的必備零件。

用馬凱縫線機
將鞋面、鞋床
和中底縫合。

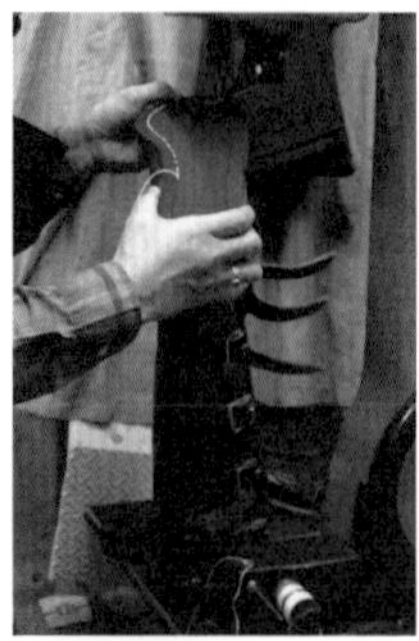

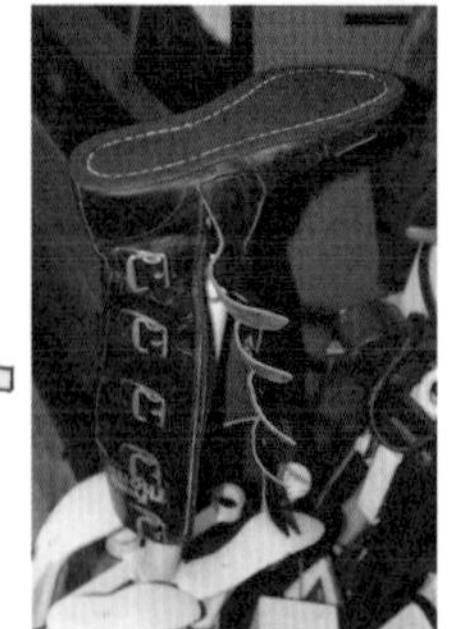

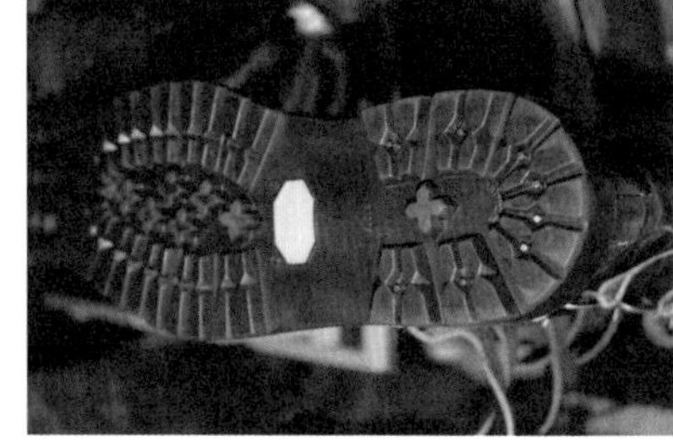

緊壓黏住新的大底，用Nail
（釘子）固定住鞋跟等部分。

大功告成！

從下次起，要換鞋跟
或鞋底整體磨損時，
只要更換大底
就可以囉！

分解之後，
就會變成這樣。

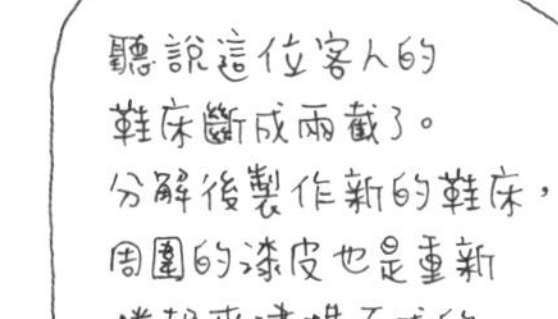

聽說這位客人的
鞋床斷成兩截了。
分解後製作新的鞋床，
周圍的漆皮也是重新
捲起來建構而成的。

連損壞到這種程度的鞋子都能
修好，讓我大為震撼。此外，我也
體會到修了再穿的英國文化的不同。

要適當地保養與修理，
鞋子才能穿得長久喔～

（照片提供：COBBLER NEXT DOOR）

TAKANODAI 鷹之台

古董小物店
Petit Musée

東京都小平市上水新町2-1-5
TEL 042-346-5723
營業時間：11:00～18:00
營業日：週四、五、六
※其他天為預約制
http://www.petit-musee.com

可以感受到綠意的可愛外觀。

從西武國分寺線鷹之台站沿著玉川上水步行20分鐘，就可以看到「Petit Musée」（法文意思為「小小的美術館」），裡面以法國的古紙與蕾絲為中心，擺著老闆久保木女士最喜歡的雜貨和文具。久保木女士從小就怕貓，未曾有過養貓的念頭，而讓她變成重度貓奴的，正是看板貓吉塔爾與香頌。牠們是出生後2週左右由認識的人帶回家照顧的棄貓。由於實在太可愛了，久保木女士猶豫了1星期後，決定收養牠們，但一開始別說是觸摸了，她連怎麼與牠們相處都不知道。久保木女士將2隻貓裝進瓦楞紙箱帶回家後，白底虎斑的小貓就衝了出來，把她嚇了一跳！她驚慌地想著：「怎、怎麼辦，牠要做什麼？」結果那隻小貓緊緊抓住了她的膝蓋。小生命拚盡全力的模樣，令她相當動容。另一隻白底橘虎斑的小貓則在箱子裡靜靜地關注著情況。不久後，2隻貓都露出安心的表情，在箱子裡相擁而眠。

這是被帶回家照顧，隨即暫時寄養在獸醫那裡的2隻貓。據說特地幫牠們做了2個窩，牠們卻一直緊依著彼此睡覺。

聰明纖細。
只要香頌
一發出叫聲，
不管在哪裡
都會飛奔
過去的
吉塔爾是個
溫柔的哥哥。
（♂3歲
暱稱吉吉）

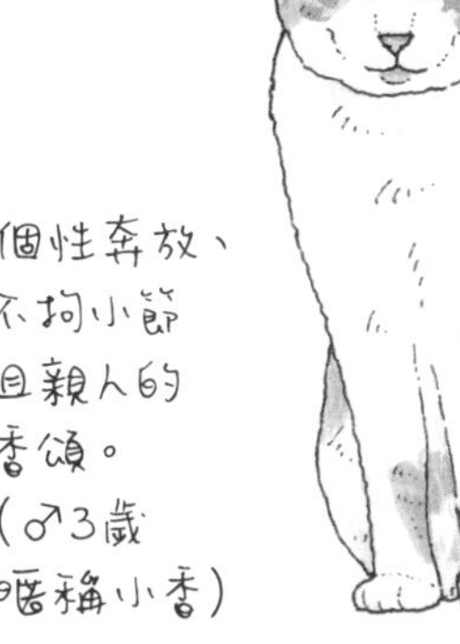

個性奔放、
不拘小節
且親人的
香頌。
（♂3歲
暱稱小香）

由於賣的是法國雜貨，因此久保木女士想為2隻貓取成對的法文名字，便取了吉塔爾（Guitare吉他）和香頌（Chanson歌曲）。剛來的時候，吉塔爾500g、香頌400g。也許是因為100g的差距，不管是學會爬樓梯及做任何事情都是吉塔爾領先。久保木女士表示：「現在真的覺得牠們好可愛。像是我感到沮喪時，牠們會輪流緊緊地挨在我身邊。我很依賴牠們。心中非常感謝牠們能來到我身邊。每一天都充滿驚喜與感動。」

開始營業後，牠們會立刻到入口
等待客人上門。
牠們非常喜歡扭打在一起玩摔角遊戲。
拜此所賜，獸醫還說：
「2隻都長了一身健壯的肌肉，
不像是被人養大的貓。」

到了傍晚，附近的狗狗
會在散步途中經過這裡。
「你們看，來了喔～」這麼一說後，
牠們就會從家裡衝過來，
隔著紗門使出一記攻擊！

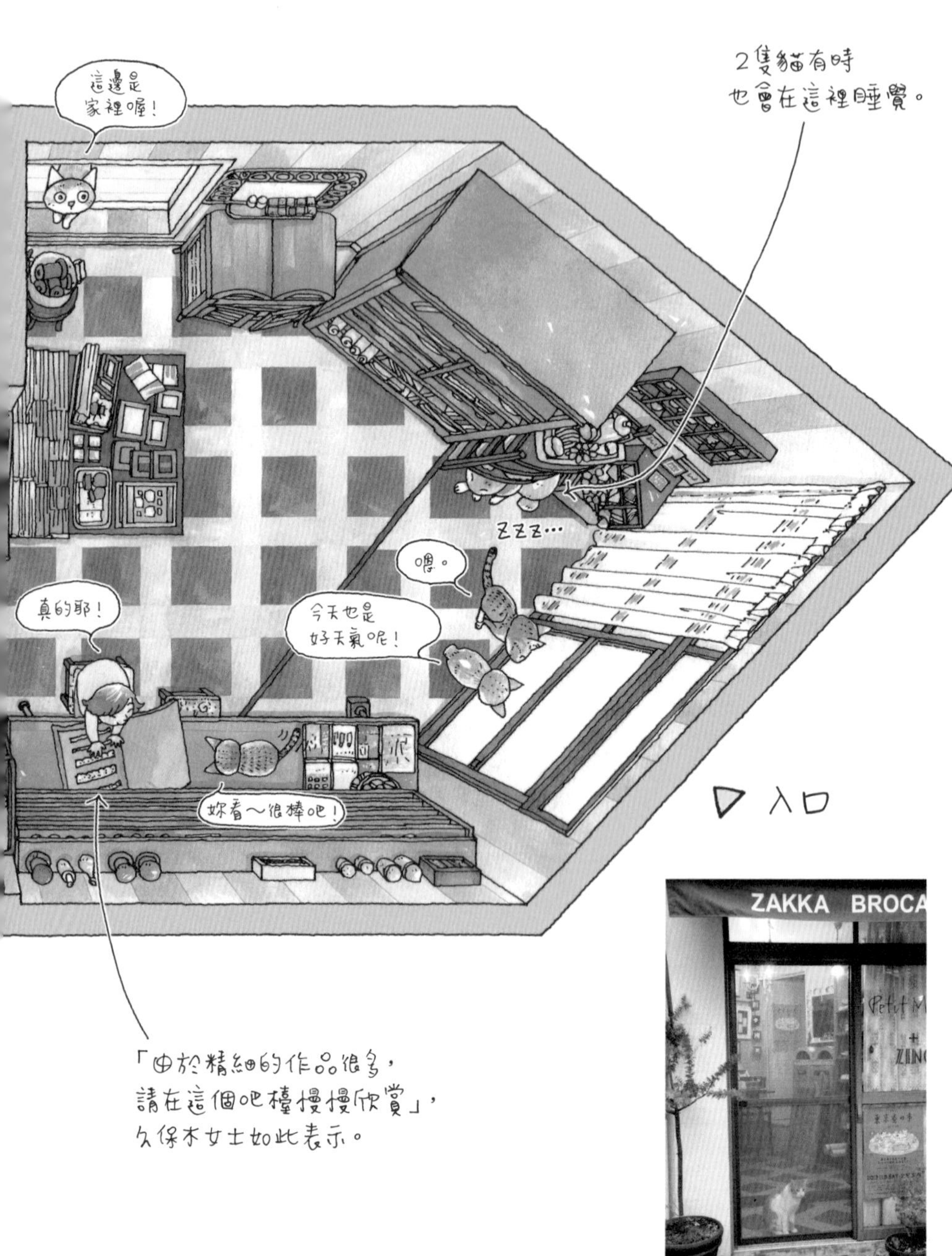

這邊是家裡喔！
2隻貓有時也會在這裡睡覺。
ZZZ…
嗯。
今天也是好天氣呢！
真的耶！
妳看～很棒吧！
入口
ZAKKA BROCA
「由於精細的作品很多，請在這個吧檯慢慢欣賞」，久保木女士如此表示。

法國的復古飾品。

小香非常喜歡緞帶。

明信片。下方的收納櫃
有鈕扣等手工藝材料。

原本是書櫃的氣派櫥窗內，
擺著特別多的古紙製品。

2隻貓
喜歡這個地方。

抽屜裡塞滿了古紙盒和紙袋。
簡直像是在尋寶一般，令人興奮不已。

小香和吉吉
經常在上午和傍晚來到店裡。
這一天，小香在家裡睡午覺。
由於小朋友們特地來看牠，
於是就讓牠窩在喜歡的盆子裡把牠帶到店內。
Chikachan和Micchan是住在附近的小學生。
她們對小香非常溫柔。

2隻貓都不曾咬人
或用爪子抓人。

咦……什麼？什麼？

小香好奇心旺盛。

吉吉喜歡的位置是
店內的書櫃櫥窗上。

我們家的小古錐！
(小古錐＝可愛的孩子)

陶醉在久保木女士的撫摸之中。

這時，喜歡這個位置的小香
果然還是來了……。

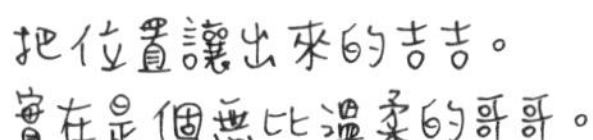

「Stern」的作品。
以高級紙張為材料，
再加上手工製作，
屬於高品質的技法，
並以浮雕花紋和
金屬箔等裝飾。
美得令人心醉。

1900年8月8日
舉辦的派對菜單。

信封、信紙和卡片上的
首字母裝飾文字。

「Petit Musée」是販賣法國古紙與蕾絲的小雜貨店

久保木女士之所以會迷上法國的古紙製品，是因為她在巴黎的古董市集角落遇到一位賣燈罩的大叔。當時拿到的精美收據讓她大吃一驚，於是她便請大叔讓自己看看紙製品的收藏。雕版印刷老店「Stern Gravure」於1830年創業，過去是開在巴黎的全景廊街（Passage des Panoramas）※。大叔是那間店的顧客，並在2009年「Stern」易主遷移之際，接收了店家出讓的庫存品、樣品、雕版乃至於日用品。

※全景廊街…建造於19世紀，擁有玻璃天棚的拱頂購物街。

據說這是19世紀後半上流社會的貴婦在看的時尚報紙。當時流行的穿搭和髮型等都會附上插畫刊登在上面喔！

聽說當時沒有規格尺寸，每個製品的大小都不同呢。

1920年代的信紙組。

這是「Jean Gardissal（百貨公司）」的原創信紙組。帶點東洋風的插畫很時髦呢！

出外旅行要寫信時，只要在這個固體墨上滴水就會變成墨水了。

1910年代的蕾絲和布料。

手工製作的
蕾絲樣品冊，
可以慢慢看過
再購買。

聽說城堡要出售
時，就會出現
這樣的商品。

我們來到這裡之後，
跟貓有關的古董明信片
和飾品就增加了喔！

也有製作以我們為主題的
江戶本染手巾呢。
叫做「白天與夜晚」。

Petit Musée有在販賣久保木女士的先生
親自烘焙的咖啡豆，名為「ZINC」，
源自於法文的「Zinc」。
法國人會在咖啡廳或酒吧中被稱為「Zinc」的吧檯
站著喝東西。「Zinc」指的是鋅，
因為咖啡廳的吧檯都會貼上鋅板，才會有此稱呼。
甚至還有導覽書是專門介紹有「Zinc」的咖啡廳。

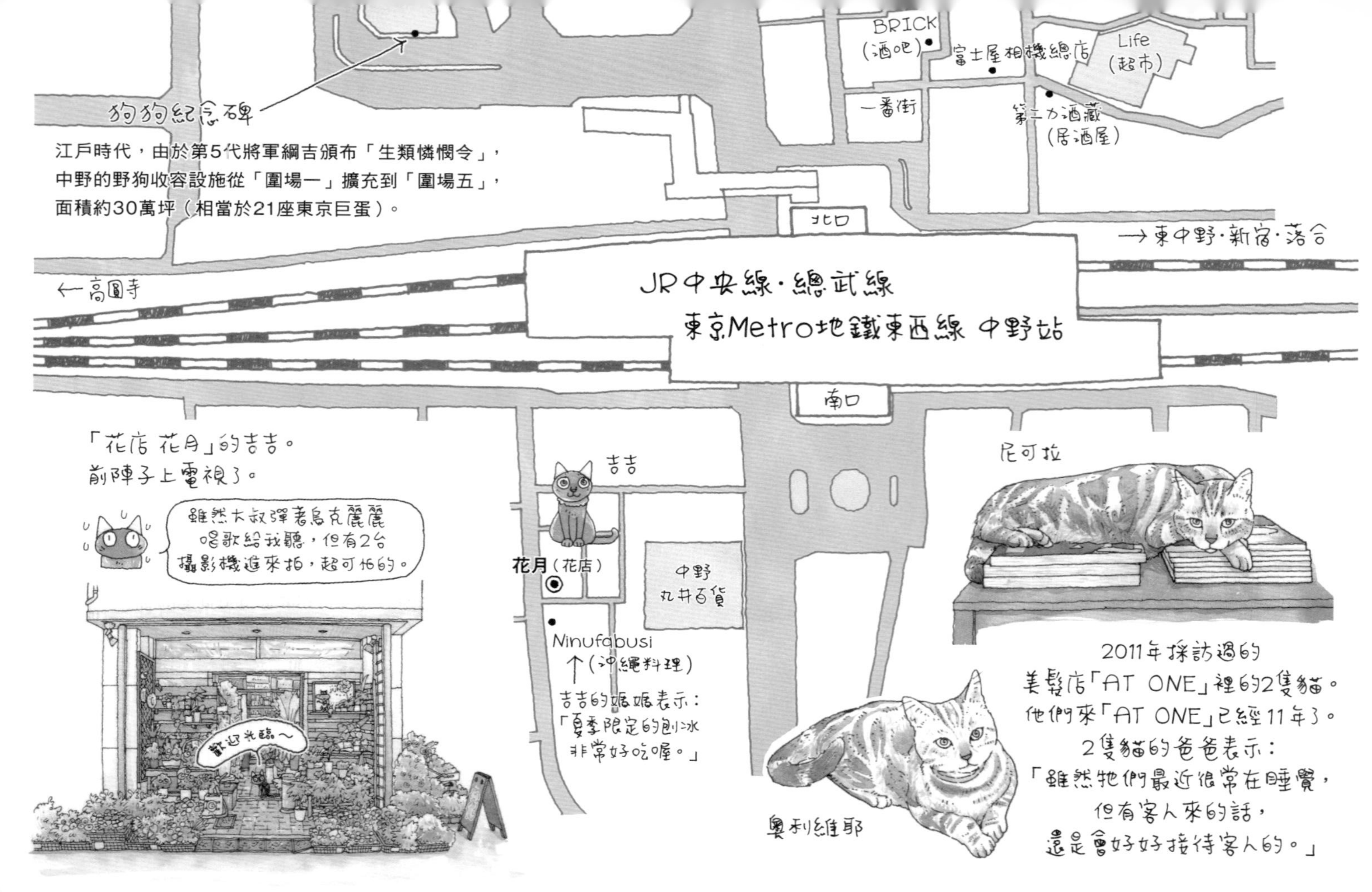
狗狗紀念碑
江戶時代，由於第5代將軍綱吉頒布「生類憐憫令」，
中野的野狗收容設施從「圍場一」擴充到「圍場五」，
面積約30萬坪（相當於21座東京巨蛋）。
BRICK
（酒吧）
富士屋相機總店
Life
（超市）
一番街
第三力酒藏
（居酒屋）
北口
→東中野・新宿・落合
←高圓寺
JR中央線・總武線
東京Metro地鐵東西線 中野站
南口
「花店 花月」的吉吉。
前陣子上電視了。
雖然大叔彈著烏克麗麗
唱歌給我聽，但有2台
攝影機進來拍，超可怕的。
歡迎光臨～
吉吉
花月（花店）
中野
丸井百貨
Ninufabusi
（沖繩料理）
吉吉的媽媽表示：
「夏季限定的刨冰
非常好吃喔。」
尼可拉
奧利維耶
2011年採訪過的
美髮店「AT ONE」裡的2隻貓。
他們來「AT ONE」已經11年了。
2隻貓的爸爸表示：
「雖然牠們最近很常在睡覺，
但有客人來的話，
還是會好好接待客人的。」

NAKANO 中野

要是走累了，2樓有A-Licence（咖啡館）、Sakakoshi珈琲店、香林坊（日式蔬食）、山藥泥麥飯丸子亭等等。

說到中野就會讓人想到「中野太陽廣場」。那是1973年作為勤勞者福祉設施而興建的公共會館。2004年民營化後成為多功能設施，除了當作演唱會場地，還有保齡球場和旅館進駐。遺憾的是，之後可能會拆除整修。

中野百老匯是次文化的發信地。1966年開業時，地下1樓到地上4樓是店鋪，5樓以上則是住商混合型的住宅大樓。當時是高級精品店一字排開的高檔大廈。現在由於3、4樓販售的商品種類而被稱為「御宅族聖地」，可以享受到像是打翻玩具箱一般的樂趣。

NAKANO 中野

花店
花月

東京都中野區中野3-35-2
TEL03-3381-9306
營業時間：週一～六10:00～20:00
週日、國定假日10:00～18:00
公休：年初
http://www.flower-kagetsu.jp

當季花卉
並排擺放。
不知該選哪種花
就找店家商量吧。

由於附近有劇場，因此也會製作高架花籃。
高架花籃…慶祝開店、演唱會和活動等場合時，裝飾在大廳的大型花籃。

有好多吉吉。

從JR中央線中野站南口步行3分鐘。
「花店 花月」對於擺在店內的花
都很講究生產地和生產者，
而黑貓吉吉（♀3歲）
每天都會幫忙看店。

吉吉喜歡的睡窩。
內側是磨爪板。

吉吉是在吉祥寺被撿到的，後來在對面的
中川女士的介紹下，老闆娘從獸醫那裡收養了牠。
名字當然是源自於電影《魔女宅急便》裡的
黑貓吉吉。
雖然來到店裡時是出生後2個月左右，
但牠打從一開始就不怕生，很努力地接待客人。

漂亮的項圈是
客人送的禮物。

吉吉非常喜歡人。
牠會端坐在店門口
望著大街。
老闆娘表示：
「牠一定是希望能引起注意，
想著『看過來、看過來，
快注意到我！』吧。」

吉吉絕對不會
碰店裡的花。
牠會靈巧地
穿梭在盆栽間。

負責幫吉吉修剪指甲的，是在附近的
舞蹈教室教佛朗明哥舞的老師。
她總是會在包包裡放指甲剪，
來店裡時就會快速俐落地修剪
吉吉的指甲。

「吉吉妳好喔～？」
鄰居們邊問
邊來店裡看她，
充滿了下町風情。

Café Jam的
老闆娘

花卉保鮮櫃（冰箱）裡，有向日葵、
洋桔梗、百合、玫瑰、康乃馨和紫菀等。

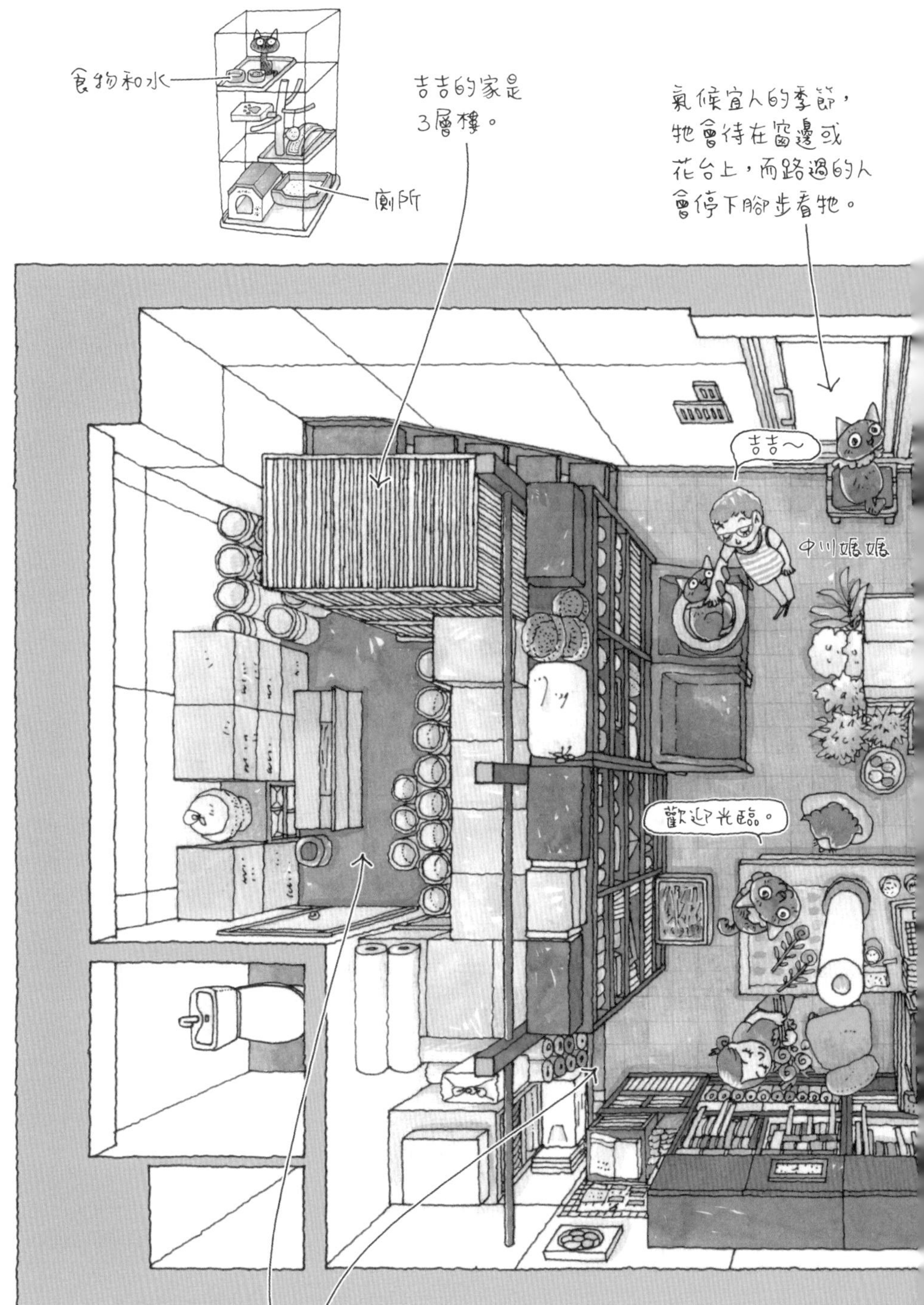

半地下室與夾層裡擺著花桶、花籃架和寄送用的瓦楞紙箱等，是保管器材的空間。

9月有龍膽、青葙、澤蘭和大波斯菊。由於12月要有春天的花卉，因此會提前一季進花。

吉吉的散步路線

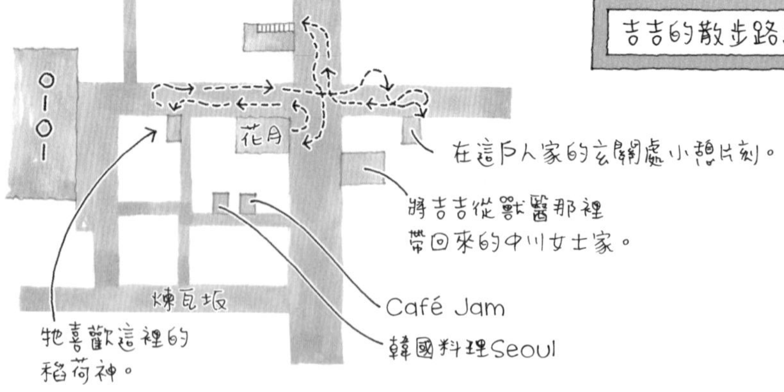

在這戶人家的玄關處小憩片刻。

將吉吉從獸醫那裡帶回來的中川女士家。

Café Jam

韓國料理Seoul

牠喜歡這裡的稻荷神。

吉吉的朋友們

中川女士家的3隻寵物

正雄(♀)
韓國料理「Seoul」的老闆娘在不清楚牠是公是母的情況下就叫牠「正雄～」，於是便成了牠的名字。但怎麼看都是三花貓。

研直子(♂)
雖然是男孩，但因為長得很像研直子，所以就取了這個名字。

小虎
(♂5歲)

奈奈
(♀3歲)

貴賓犬混雪納瑞的小花
(♀4歲)

吉吉和貓咪們的關係很微妙。牠非常喜歡小花。

負責帶吉吉散步的是「Café Jam」的老闆娘。

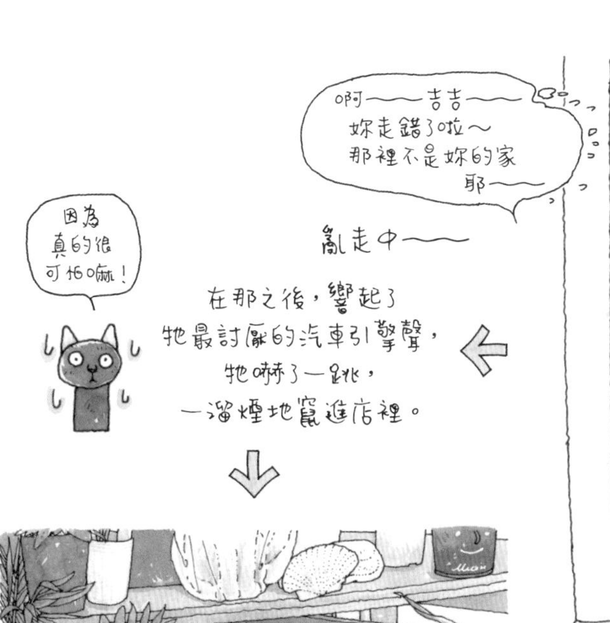

吉吉的情緒
有一點激動，
鑽進了店門口的
展示架裡。

不過中川女士來了之後，
牠便開心地跑出來了。

最喜歡
中川馬麻了～

又舔又咬

粗魯的愛的表現。

花店開始營業前的準備工作

①週一、三、五去市場買鮮切花，週二、六則是買盆栽。

首先要參加拍賣。※必須有競標權才能參加拍賣。
花卉是由高往低喊價，稱為「減價拍賣」。
如果有非買不可的花卉，可以儘早（也較貴）買下，
或是預購。也可透過市場的批發商購買。

②從市場回來後，
要做保鮮處理
讓花朵容易吸水。
方法有許多種。

水切法

水折法

像菊花等

浸燙法

用報紙包起來，
避免熱氣直接
接觸到花。

剪過一次後，
浸泡在水深約1cm的
沸水中10秒左右。

之後放進水裡。
像玫瑰、紫羅蘭等。

與媽媽在一起！

花禮設計的作法

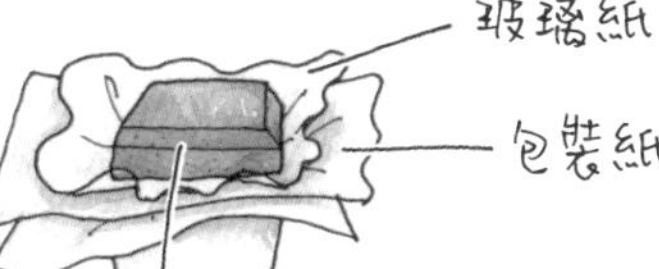

含有大量水分的綠洲(插花海綿)。

花禮的外側以綠葉塑形，決定大小後，再插上主花。

這次是向日葵!

用花卉製造出高低差，讓花束更顯立體。

大功告成!!

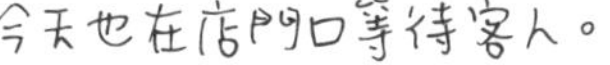
今天也在店門口等待客人。

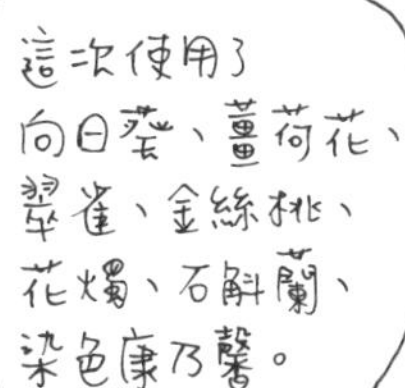

寵物美容兼小酒館的「Skuu」不僅是狗狗美容沙龍，還可一邊喝茶，一邊與店家收容的貓狗互動。持有寵物美容師與訓犬師證照的永久小姐和燈灯小姐，從2009年開始從事動物保護活動，並於2011年開店作為活動的一環。撿回來的野貓、從保健所領養的貓狗每天都會輪流來店裡。讓牠們在這裡習慣接觸人類，或是尋找願意收養自己的人。

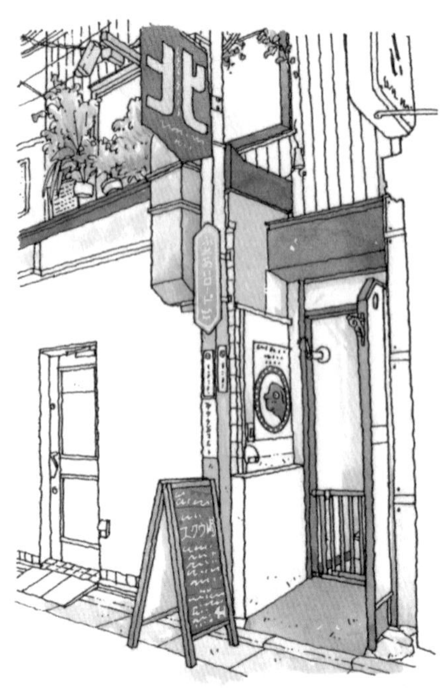

寵物美容&小酒館

Skuu（スクウ）

東京都中野區中野5-53-5 2F
※小酒館已歇業
※籌備新店鋪中
http://xxxskuu.wixsite.com/skuu

看板貓少當家在湘南被帶回去照顧時，因為外表的關係而被叫做「般若」，在因緣際會之下與店家成為了一家人。當時還是大學生的燈灯小姐會把牠帶去學校一起上課；如果校園裡有舉辦跳蚤市場的話，燈灯小姐會把牠裝進籃子裡放在自己旁邊，讓大家抱抱少當家，一次收費100日圓。拜此所賜，少當家成長為一隻親人的貓。此外，由於永久小姐曾讓牠受過狗狗的訓練，只要對牠說「等一下」，在聽到「可以了」之前，牠都不會把東西吃掉。

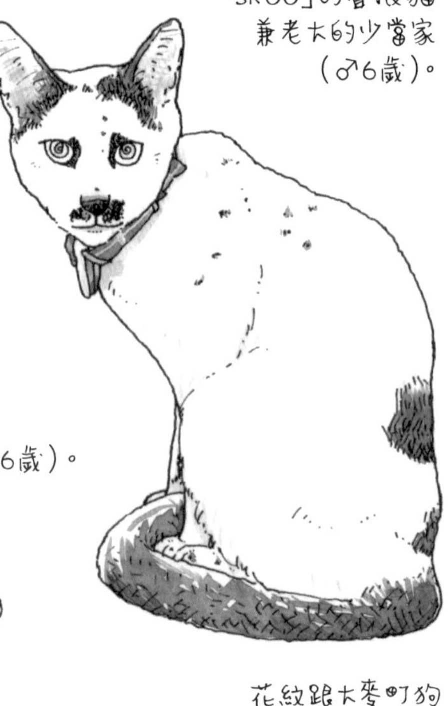

「SKUU」的看板貓兼老大的少當家（♂6歲）。

這天的看板貓。鈴之助（♂推定6歲）。

花紋跟大麥町狗很像。

單身人士、單親家庭
和性小眾往往很難
通過認養人的審核，
但我相信其中還是
有人可以給予這些
毛小孩最好的幸福。
我們很重視這些人
想呵護毛小孩的心情，
並致力於創造出一個
任何事情都可以來
諮詢的親切環境。

與永久小姐
在一起。

感情融洽地拍照。隨著時間拖長，
彼此之間就產生一股微妙的氛圍……

少當家。
牠的花紋 →
只要見過一次
就很難忘記。

← 亞米（♀1歲）。
店家收容的
米克斯狗狗。

店家的名稱在沖繩方言中寫做「遊び庭」（指「遊樂場」或「廣場」）。在這裡可以品嚐到沖繩出身的金城吉春先生所做的道地沖繩料理。
2014年6月，有客人發現死亡的母貓所留下的3隻嗷嗷待哺的小貓，便把小貓們送去「Ashibina」。據說這些小貓當時才出生5天左右，體重只有大約100g。隔壁的隔壁有一間「台北酒場 秀」（聽說這裡也養了2隻貓！），承蒙老闆娘好意，決定讓小貓養在「秀」的2樓。

沖繩料理
Ashibina
（あしびなー）

東京都中野區中野5-53-9 2F
TEL03-3389-7810
營業時間：17:30～24:00
公休：週二

中野北口有條巷子
一整排都是散發
昭和氣息的酒館。
往其中的昭和新道
走進去的話……

哎呀!!有隻貓
默默地在這裡？

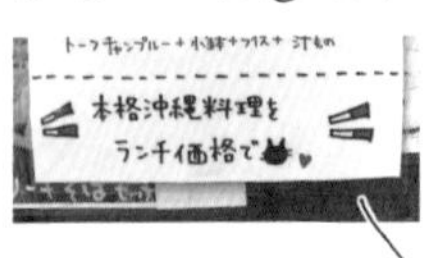

小黑
（♂1歲半）。

「小黑（kuruu）」這個名字
是來自沖繩方言中的黑貓
（「黑」是「kuru」，貓是「mayaa」）。

小貓們不肯用奶瓶喝奶，於是在獸醫的指導下，每隔2～3小時將導管伸進胃裡，再用注射器餵奶。聽說因為小貓會抗拒地用力掙扎，所以一開始弄得3個大人手忙腳亂的。然而無奈的是，還是有2隻貓前往天堂旅行了。剩下的一隻小貓・小黑的體重超過500g時，眾人才鬆了一口氣。

小黑的睡窩在閣樓裡。
牠會靈巧地上下梯子。

第一天，用滴管餵奶的
金城先生。

噗呼～

出生後1個月
左右的小黑，
情況稍微穩定了。
肚子被奶水撐得
鼓鼓的。

員工藏持先生
疼小黑疼得不得了。
小黑也非常喜歡
藏持先生，
總是緊緊地
黏著他撒嬌。

「Ashibina」
原本就有養一隻貓，
叫做那由多（第2代）。
那由多很疼小黑，
經常幫忙照顧牠，
但2015年1月出去散步之後
就再也沒回來了。金城先生、
員工和常客們都一直在等
那由多回來。

這張照片是初代
看板貓那由多。

午餐的苦瓜定食
800日圓。
沖繩炒苦瓜＋小菜
＋白飯＋湯品。

滿滿的苦瓜！
苦瓜的苦味與雞蛋、豬肉
及豆腐的溫和甜味堪稱絕配。

「Ashibina」每個月會以1～2次的頻率舉辦各式各樣的現場音樂會。這一夜是知念良吉先生的演唱會。彩排時，金城先生的三線與知念先生的吉他＆歌聲讓小黑聽得十分入迷。

在沖繩只要有值得慶祝的事情，女性就會聚集在一起製作許多料理。以往帶頭下廚的是金城先生的母親。店內可以品嚐到他的母親所傳授的菜餚，舒適的氛圍讓人彷彿身處在外婆家。

Charanke祭（以沖繩與愛努的舞蹈為中心的祭典）：店主金城先生與愛努出身的廣尾先生相識之後，發現儘管兩人的故鄉一南一北，但卻擁有「Charanke」這個共同的語言，於是在1994年創辦了「Charanke祭」。「Charanke」在愛努語中是指「徹底溝通」，而沖繩方言則是「可別消失啊～」的意思。每年11月初在中野舉辦，2015年是11月7日（六）、8日（日）在中野・四季之森公園舉辦。

愛努的重要儀式・
Kamuynomi（祈神）

KAWAGUCHI

川口(埼玉)

套上牽繩，準備檢查自己地盤的尼諾。

café de Akuta

埼玉縣川口市榮町2-8-4
TEL048-253-7555
營業時間：12:00～19:00
公休：週一、二及第2與第4個週日

從JR京濱東北線川口站東口步行10分鐘左右的住宅區中，有一間隱密的咖啡館「café de Akuta」。打開大門踏進一步，開朗的老闆娘與親人的黑貓尼諾（♂3歲）就會出來迎接。

尼諾當初是與虎斑小貓一起被丟棄在都內的公園裡。志工將牠們帶回照顧之際，發現尼諾的腸子從肚子裡跑出來，因此送去醫院動手術，好不容易才保住了性命。老闆娘接到詢問領養的電話時，表示：「既然虎斑小貓很漂亮，一定找得到願意領養的人。黑貓身上有動過手術的痕跡，應該不太好找願意領養的人，請把黑貓給我們家吧。」就這樣決定領養尼諾了。雖然已經出生半年左右，但據說在住院時受過訓練，不僅一次就學會上廁所，還很喜歡人，來的那一天就習慣店內環境了。順帶一提，「尼諾」在義大利語中是「黑色」的意思。

有時候會逃走的尼諾。
這一天也有2個小時左右沒回來。
雖說牠只是在店的附近跑來跑去，不過老闆娘表示：
「只要沒回來就會很擔心牠呀～」

▽入口

前任看板貓
小梅

招牌

尼諾在店外的
另一個窩

很多咖啡杯和杯墊都和貓有關。

飯糰套餐
飯糰　3顆750日圓
　　　2顆700日圓

燉煮麵筋炒洋蔥

馬鈴薯燉高黍米

紅茶漬李子乾

用大蒜和醬油
調味的黃豆

雜穀湯

香甜美味的
地瓜可樂餅

海苔

每天都會
更換配菜。

含有黑米的糙米飯糰。
請依個人喜好撒上芝麻。

（餐點數量有限，
售完即止。）

非常喜歡躺在客人的大衣上面。
最近
很喜歡這個位置。
正在檢查有沒有
其他貓經過。
快打開～
廚房
把水
打開～
廁所
在廁所玩耍的尼諾

尼諾所熱中的事情

為了防止尼諾逃走，在店裡也會幫牠套上牽繩。只有回家裡上廁所和吃飯時才會幫牠取下牽繩。

這麼一說之後，
老闆娘就會幫牠
取下牽繩，
讓牠進家裡。

上完廁所且吃完飯後，
回到店裡的那一瞬間！
尼諾鑽過老闆娘的手，
一溜煙地衝到咖啡館的廁所門前。

再稍微努力一下，
說不定就能學會
開門了！

老闆娘如此說道。

跑進廁所後

尼諾所熱中的事情是…玩水!!

專注地盯著
流動的水……

喵!

攀了上去……

伸～長

?

?

?

喵!

喵!

啪唰
啪唰
地進行攻擊。

一旦水停了，

再打開
一次!

便厚臉皮地
央求著。

理直氣壯

就這樣踩過客人的大腿，
筆直地走到大衣的上面。

尼諾非常喜歡
和人待在一起。
儘管長椅上放著
尼諾專用的毛毯，
但卻被牠無視，
因為牠喜歡睡在
客人的大衣上面。

啊，好的好的。

人家就是
喜歡這裡啦～

在客人的
幫忙之下
做成小窩。

雖然尼諾非常喜歡人，
但對貓卻凶巴巴的。
如果有野貓試圖穿過庭院，
牠會立刻衝過去，
狠狠地瞪著對方。

喵～喵～

與尼諾初次見面的
Taichi小弟弟(1歲半)
正撫摸著牠。

尼諾是跟老闆娘的孫子們
像兄弟一樣一起長大的。
所以牠也非常喜歡小孩子。

WASEDA 早稻田

工作室、咖啡廳
TORITORINOKI
(トリトリノキ)

東京都新宿區西早稻田3-17-23
※雖然店家已經歇業了，
但仍在下列場所活動中。
●菜食菓子店 MITORAKARUNA
Twitter @choco_mon
HP http://www.mitorakaruna.com
●創作 poonaykasha
Instagram poonaykasha

店家位於都電荒川線面影橋站(往池袋方向)的月台旁邊。

一到春天，可以在面影橋看到成排的櫻花樹沿著神田川綻放，十分美麗，而在橋的旁邊則有一對姊妹共同經營的工作室兼咖啡廳「TORITORINOKI」。店家在喜歡的音樂、喜歡的古道具、喜歡的器具和雜貨的包圍下，製作出對身體溫和的美味料理，店內還有一隻叫做小風的貓。

小風（♀3歲）。出生後2、3個月時，雖然是暫時寄養在這裡直到找到收養人為止，但因為牠實在太可愛了，店家便決定直接收養牠。寄養的第一天，牠立刻就能自在地在別人家上廁所，實在是個強者。由於牠的肚子像氣球（日文為風船）一樣圓滾滾的，便取名為小風。明明牠比較晚才來到這裡，卻讓先來的貓幫牠舔身體，還會用頭槌擠開其他貓以便獨占食物，儼然是個女王。

小風吸取經驗後，知道只要來店裡，自己就能獲得獨寵，還可以獨占好吃的罐頭。

只要小風來到店裡，
第一次來的客人就會主動說
「啊，我家也有養貓耶」，
然後便跟我們聊起來，
感覺一口氣拉近與客人
之間的距離，很開心。

牠經常發出「呼～呼～」的聲音，
所以有人會問「是因為這樣才叫小風呢？」

身為藝術總監
並負責下廚的
妹妹。

負責做甜點與
麵包的姊姊。

吉備（♂4歲）。透過送養的管道領養來的貓。從黃色聯想到吉備糰子，於是取了這個名字。吉備是個貪吃鬼，常常和小風搶食物。我們一開始會把吉備帶到店裡，但牠的肉球猛出汗，怕到一直躲在吧檯下面不出來，因此判定牠完全不適合當看板貓。

Amu（♂3歲）。愛撒嬌且擁有一顆少女心的男孩，很喜歡玩耍，可以玩到廢寢忘食的地步。非常喜歡吉備，總是緊緊地黏著牠。其他貓吃飯時若是把食物掉到盤子外，牠會幫忙吃得乾乾淨淨；如果其他貓沒有把貓砂盆裡的便便蓋起來，牠會立刻過去撥砂蓋住，是一隻很愛乾淨的貓。由於牠非常膽小，從一開始就判定牠無法成為看板貓。

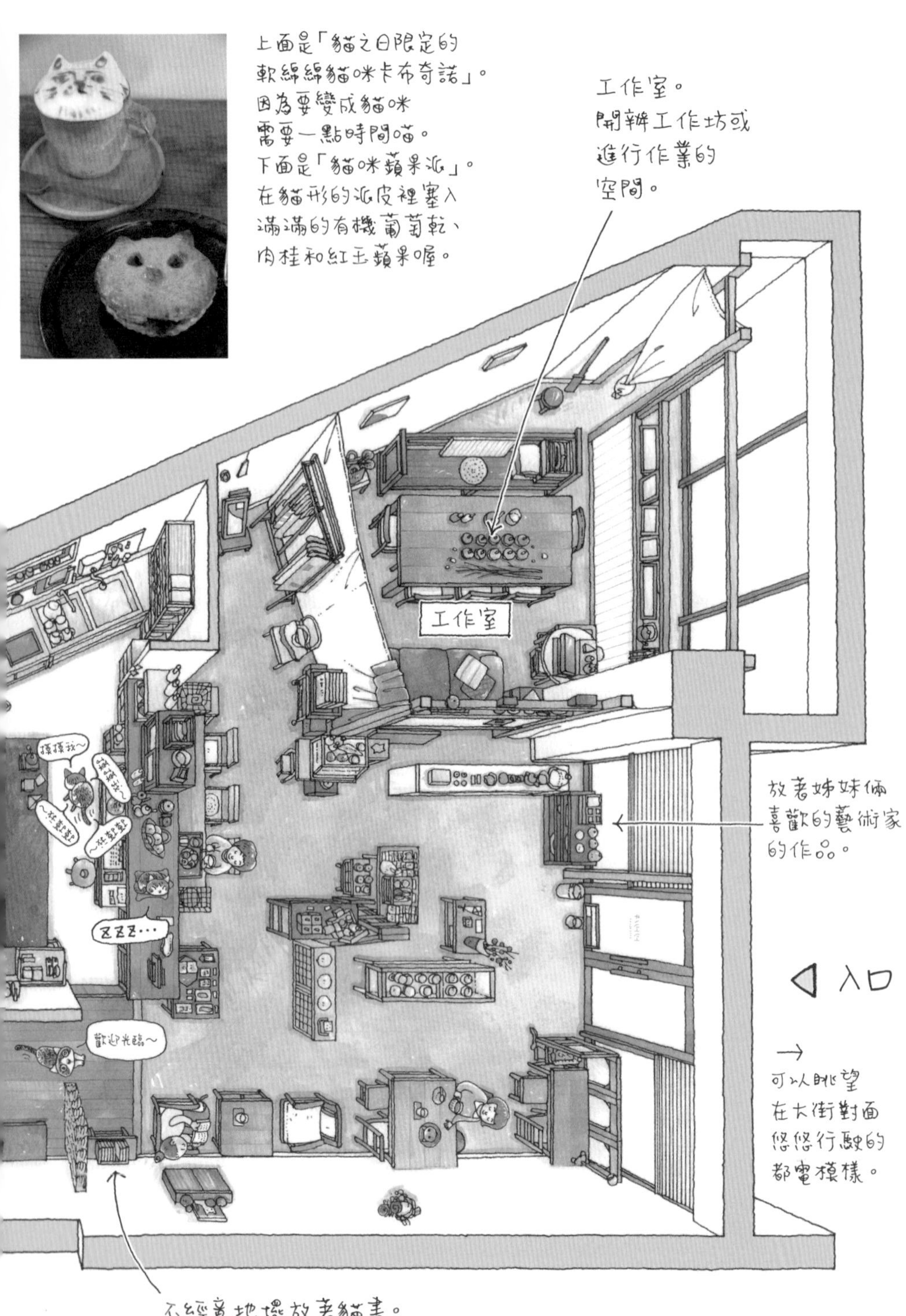
上面是「貓之日限定的軟綿綿貓咪卡布奇諾」。因為要變成貓咪需要一點時間喵。下面是「貓咪蘋果派」。在貓形的派皮裡塞入滿滿的有機葡萄乾、肉桂和紅玉蘋果喔。
工作室。開辦工作坊或進行作業的空間。
工作室
摸摸我～
摸摸我～
蹭蹭我～
蹭蹭我～
ZZZ…
歡迎光臨～
放著姊妹倆喜歡的藝術家的作品。
入口
→可以眺望在大街對面悠悠行駛的都電模樣。
不經意地擺放著貓書。

「TORITORINOKI」的「貓之日」!!
每月22日前後的3～4天，可以
品嚐到以貓為主題的蛋糕和餐點。

※甜點以不使用雞蛋和乳製品的東西為主。

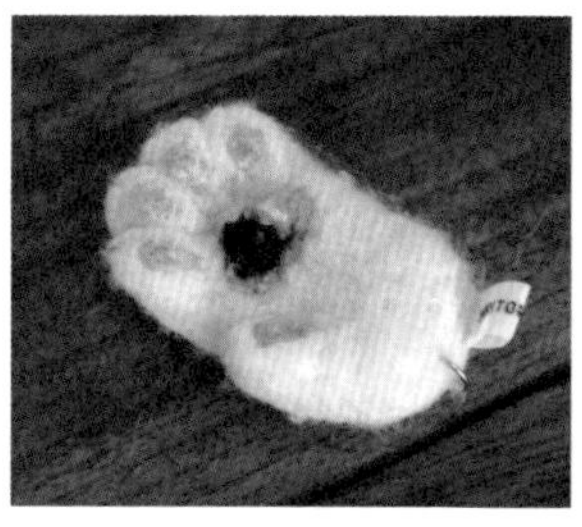

也有妹妹製作的
貓雜貨。
「小風的肉球毛氈」

「貓咪薩瓦蘭蛋糕」

「南瓜蛋糕與
貓咪千層酥」

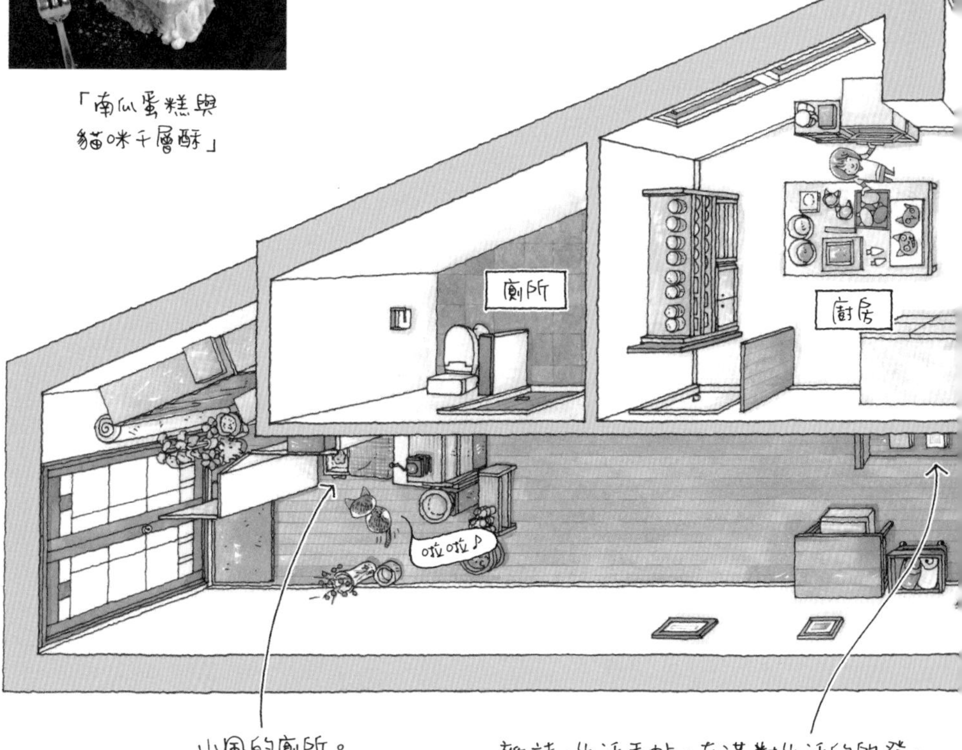

廁所

廚房

啦啦♪

小風的廁所。

雜誌・生活手帖。充滿對生活的啟發。

小風的上班日基本上就是
「TORITORINOKI」的「貓之日」。

小風上班！

小風來到店裡後會先四處暴衝，
在得到最愛的罐頭之前會大鬧特鬧。
這時要是有客人試圖摸牠的話，
牠就會發出「唰～唰～」、「呼～呼～」的聲音
（像是在說「我可不是那麼輕浮的女人！」）。

牠心血來潮時
會幹勁十足地一路跟到
自家的玄關，擺出一副
「也帶人家去嘛～」的表情。
像這樣的日子也會讓牠上班。

牠有時會
一口氣吃掉又整個吐出來，
所以要一點一點慢慢餵。

填飽肚子後，
這回開始
討摸摸了！

好的、
好的，
女王陛下。

妹妹說道。

一邊確認工作郵件，
一邊撫摸小風的妹妹。

瞧，搖身一變

我成了會看眼色的女人！

吃了最愛的罐頭，
也盡情被摸過後，
讓牠確認
「我是被人愛著」
之後……

一臉正色

到了這時，
客人過來
摸一摸也
沒關係了。

牠很喜歡「可愛」
這個詞喔。

妹妹表示：
「小風是只要對方先付出，
就會有所回報的類型。」

KOIWA 小岩

披薩、義大利麵
BOLOGNA

東京都江戸川區南小岩8-13-10
TEL03-3650-0376
營業時間：11:30～13:50／17:00～19:50
公休：週二
※現在店裡沒有貓。

從JR總武線小岩站南口步行5分鐘，便可看到賣披薩、義大利麵的「BOLOGNA」，店裡有一隻毛髮蓬鬆又親人的看板貓小黑（♂14歲）。這家店在小岩已經開了40年。店名是取自波隆那肉醬（番茄肉醬）的發源地，也就是義大利的波隆那。小黑在約莫11年前的某天出現在店門前。雖然一接近牠就跑掉了，但到了隔天，牠彷彿下定決心「我要成為這個家的孩子」，於是跑進了廚房。老闆覺得既然如此，就讓牠睡在外面的置物櫃裡，還在店門口用瓦楞紙箱做了一個窩，但後來牠漸漸開始在店裡過夜了。

老闆原本打算把牠養在3樓的自家裡，但家裡原先養的貓小咪因而發怒，讓情況變得很麻煩。去找獸醫商量過後，獸醫建議「請好好珍惜最先來的孩子」，於是就讓小黑住在店裡。秉持著「名字要取得簡單一點」這個方針，因為牠的毛是黑色的，所以取名為小黑。小黑的尾巴很濃密。據說牠剛來的時候小小隻的，只有尾巴大大的，看起來很像松鼠。

小黑的睡窩在暖爐後面，
還有店門口的冰箱上面等等，
據說每年都會改變。
現在牠喜歡睡在廚房前的
工作台下面。

好吃到流淚的
法式蝸牛1260日圓。

在「BOLOGNA」不管
點哪種義大利麵
都很好吃。
分量多到難以
用插畫來呈現！
不可思議的是，
三兩下就吃完了。

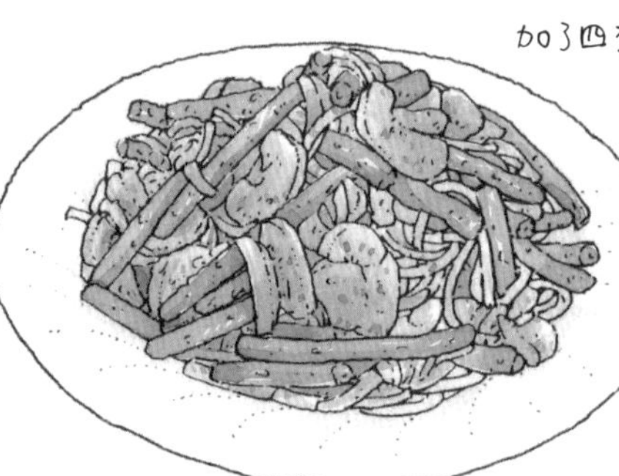

加了四季豆、蘑菇、培根、
鯷魚和大蒜的
鹽味義大利麵
1050日圓。

（平日午餐有附
咖啡or紅茶）

招牌上也有戴著
金鍊項圈的小黑。

入口左上有拿著披薩的
小黑坐鎮。

備有能在日本買到的5種TABASCO辣椒醬。
立架也是手工製作的。看起來很像貓的手。

店內有許多老闆製作的擺飾。
這是用葡萄酒瓶做的吊燈。

在讀什麼呢?

好想去外面呀!

以前有爬得那麼高啊。

入口

店內現在有110個老闆出於興趣而收集的時鐘（自家有150個！）。店內的音樂停止播放後，時鐘滴答滴答的聲響相當驚人。和老闆一起在廚房裡的兒子表示：「晚上一個人聽到時，還會覺得有點恐怖。」看似古董的時鐘也都是用便宜普通的時鐘加上裝飾，或是用噴槍進行塗裝。有的鐘擺上還有蝸牛，相當有趣。

小黑以前的睡窩。
老闆還幫牠裝上寫有
「OWNER'S ROOM」的牌子。

慕夏的蝶古巴特也是老闆親手製作的。蝶古巴特在法語中是指「剪紙拼貼工藝」。將印好的紙貼在板子上，反覆塗上亮光漆再磨光而成。

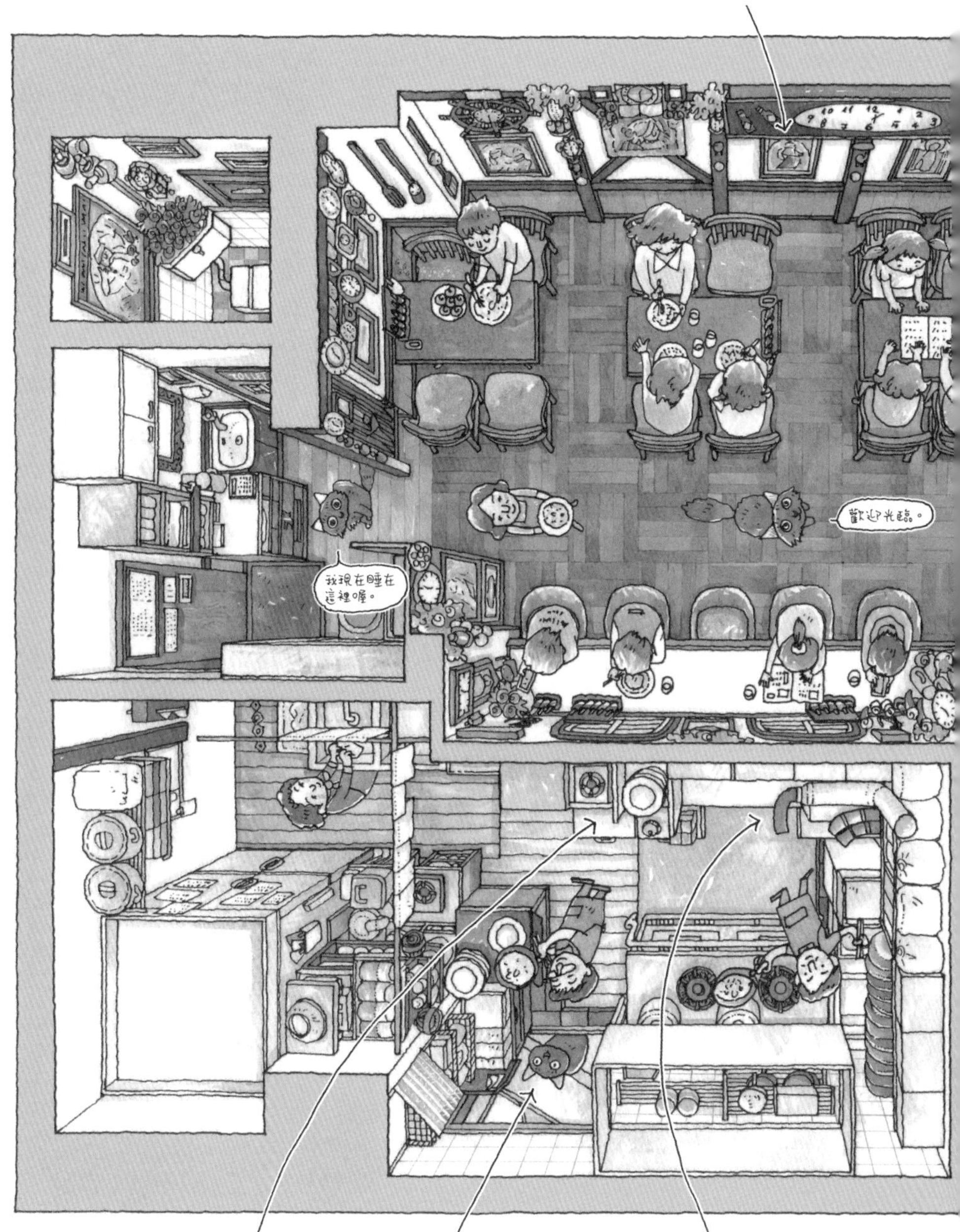

老闆擁有媲美專業木匠的工具。他會改良家具，像是為了方便進行調理作業而將工作台改成抽拉式。

小不點有時會從廚房的出入口露臉。

廚房非常熱，特別是夏天的熱氣讓這裡更悶熱，因此牆上設置了幾台電風扇。此外，為了將店內的冷氣引進廚房，還有彎彎曲曲延伸的自製風管。

早上10點左右，小黑會在
鋪有報紙的桌上吃飯。

聽說牠有時候會用手撈水來喝。

小黑吃飽後，
悠閒地眺望著外頭。

想出門的時候，
牠會在入口靜靜等待。

即使是高高的圍牆，牠也能輕鬆跳上去，
然後通過貓道到民宅的屋頂上。

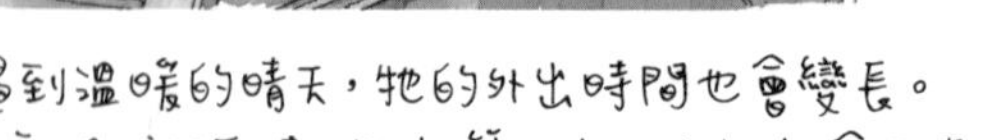

遇到溫暖的晴天，牠的外出時間也會變長。
天氣冷或下雨時，牠就算外出也很快就會回來。

小咪（♂13歲）住在3樓的自家裡。說起名字的由來，那是因為牠剛來的時候，經常「咪～咪～」地叫的緣故。牠一定是某戶人家飼養的貓，但可能天生是路癡，才會找不到路回去。牠非常喜歡老闆娘，總是黏著她。最近都會「嗷嗚～嗷嗚～」地叫，於是老闆提議：「要不要改名叫嗷嗚好了？」

被兒子
抱起來的小咪。
有一點緊張。

其實「BOLOGNA」還有另一隻貓。如果看到店面旁邊有一隻戴著紅色項圈的黑貓，那就是小不點（♀3歲）。牠1歲左右時在店的附近喵喵叫，因而被帶回來照顧。由於體型嬌小又很可愛，便取名為小不點。牠白天都待在隔壁，被叫做奈奈。因為隔壁有養一隻叫做巧克力的貓，所以牠晚上是睡在店裡的2樓。

店內有很多以小黑為主題的裝飾品！試著來找找看吧！

MEIJIJINGUMAE 明治神宮前

從東京Metro地鐵千代田線・副都心線的明治神宮前站步行5分鐘。位於穩田商店街的「小池精米店」於1930年開業，是在這塊領域耕耘83年的老字號米店。早期木造家屋的浴室灶口是在外面，還有架空的底層，因此讓老鼠有許多出入口。而米店為了保護米不被老鼠偷吃，代代都會飼養貓咪。據說老鼠出現在店裡時，店家就會囑咐貓咪：「不要回主屋，好好看店喔。」然後把貓留在店裡。

小池精米店

東京都澀谷區神宮前6-14-17
TEL03-3400-6723
營業時間：8:00～20:00
公休：週日及國定假日，
第2、4、5個週六
http://www.komeya.biz/
※現在店裡沒有貓。

綠色外牆是以農田的四季為設計概念。

現在的看板貓三花(♀17歲)。
雖然2006年重建為鋼筋水泥建築後，
老鼠就此絕跡了，
但三花的工作態度依然不變。

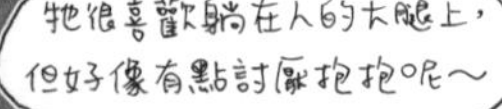

住在穩田神社附近的野貓媽媽（三花貓）生下了4隻貓，其中一隻就是三花。自從上一隻貓小栗（♀）過世後，店內就很冷清，於是老闆告訴許多人自己想要養貓，住附近的小哥就把剛出生的4隻小貓放在口袋裡，帶來給老闆看。老闆喜歡其中一隻三花小貓，便決定收養牠。那隻貓就是三花。

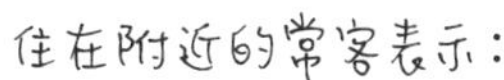

住在附近的常客表示：
「這裡就是我家的倉庫呀。
米一用完就立刻衝過來買。」
三花是歷代貓咪中
最會接待客人的一隻。

三花的黑、褐花紋分明，
十分美麗。
像痣一樣的黑點
是最迷人的特點。

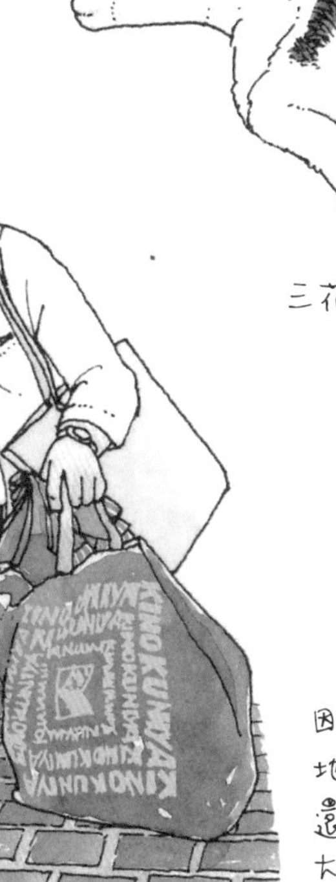

因為
地點的關係，
還有時髦的
大姊姊來摸牠。

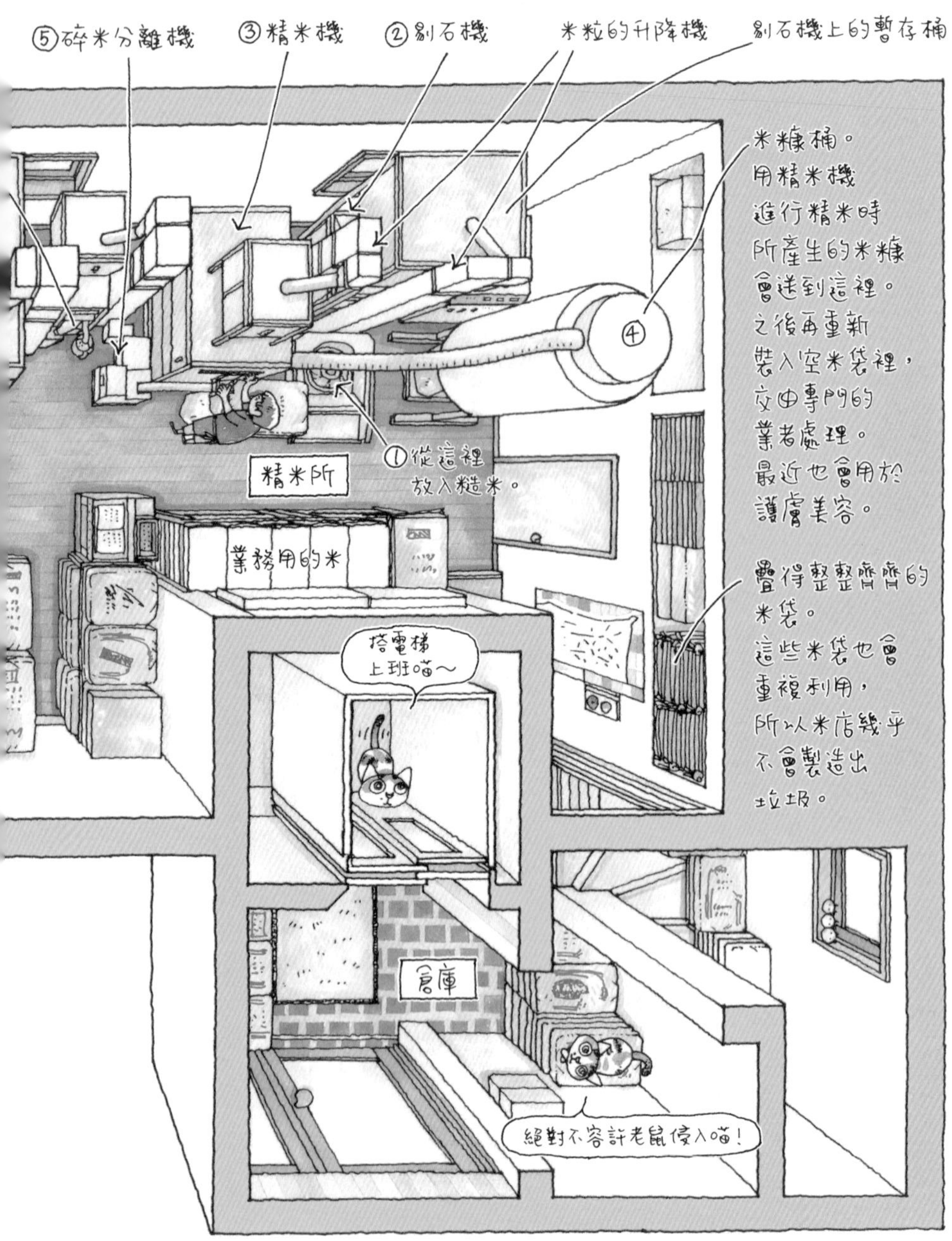

說到以前的貓飯，就是把柴魚片和魚骨放在飯上。不足的營養則用老鼠來彌補。現在的貓都吃營養滿點的貓飼料，所以也不需從老鼠身上攝取營養了。

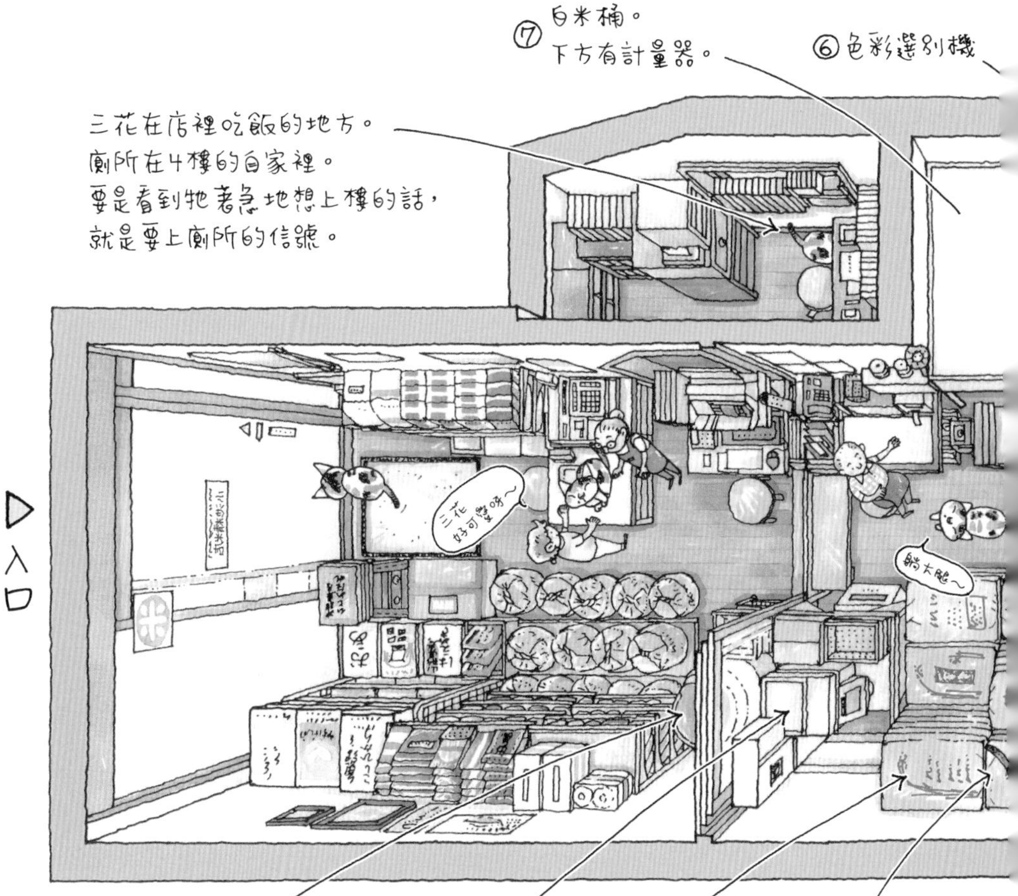

⑦白米桶。
下方有計量器。

⑥色彩選別機

三花在店裡吃飯的地方。
廁所在4樓的自家裡。
要是看到牠著急地想上樓的話，
就是要上廁所的信號。

三花好可愛呀～

躺大腿～

小型精米機

想要糙米的客人
所使用的剔石機&
色彩選別機

從農家和批發商
採購的1袋
30kg的糙米。
要是倒下就
麻煩了，所以
很謹慎地平放
堆起來。10袋左右
就有2m的高度。
倉庫和精米所合計
共保管約8t的糙米。

冬季天冷時，
牠也會待在
堆高的米袋上。
老闆娘表示：
「牠知道上面
比較溫暖呢。」

多嘗試不同種類的米，才是找到喜歡的味道的捷徑。老闆推薦的「水芭蕉」剛煮好時自然不必說，就算冷掉也很香甜Q彈，十分好吃。

與身為
第3代的
兒子出門。

裝有米糠的
米袋。
用10kg的
糙米進行
精米的話，
就能產生
1kg的米糠。

在電梯前等待的三花。幫牠按下居住空間所在的4樓按鈕，讓牠從1樓搭乘的話，牠就會在4樓出電梯；在樓上讓牠搭電梯的話，牠會確實在1樓出電梯來到店裡。

門的把手
竟然是
米的形狀!!

悠閒自在地橫躺在路上。

放鬆完畢或檢查過地盤後，
牠就會繞回店門口。

老闆從小就是邊聽父母說「貓對米店是很重要的存在」邊長大的。所以家裡一定會有貓咪，如果中斷了，據說有時也會跟米店同行收養。重建為現在的建築時，三花立刻就適應了附近臨時店鋪的環境，每次都會跟著老闆去看工作現場。老闆表示：「三花即使搬到新家也沒受什麼影響，聽人家說貓咪是會認家的，但我猜三花應該是認人吧。」老闆娘也說：「我們都把牠當作得力助手與家庭的一員來對待，所以三花可能認為自己是人類也說不定。」

①將糙米倒進這裡，經由米粒的升降機送進剔石機上的暫存桶裡。

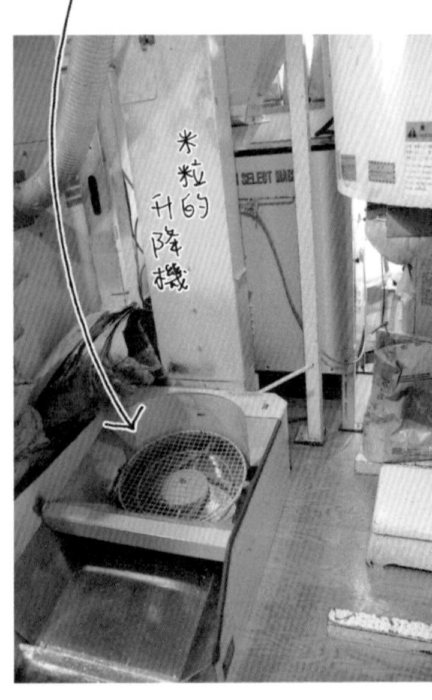

②讓糙米從暫存桶流入剔石機裡。
農家用聯合收割機收割稻米時，
會把碎石一起捲進來，
所以要先篩選出米粒和碎石。

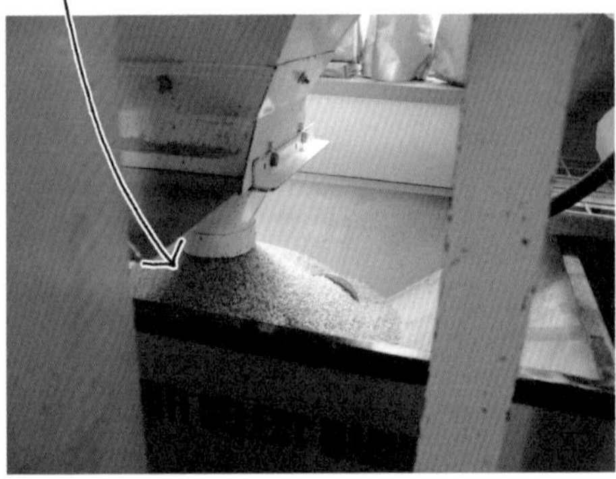

有滿多小石子和
砂子混在裡面。

升降機長這樣喔。
把米倒進這個進料口，
就會慢慢往上帶到
暫存桶裡。

表參道是在明治神宮
落成之後才開通的。
在江戶時代是田園地帶，
甚至還有「穩田」這個地名；
據說原宿的貓街以前還是
澀谷川時，還有水車
在進行搗米作業。

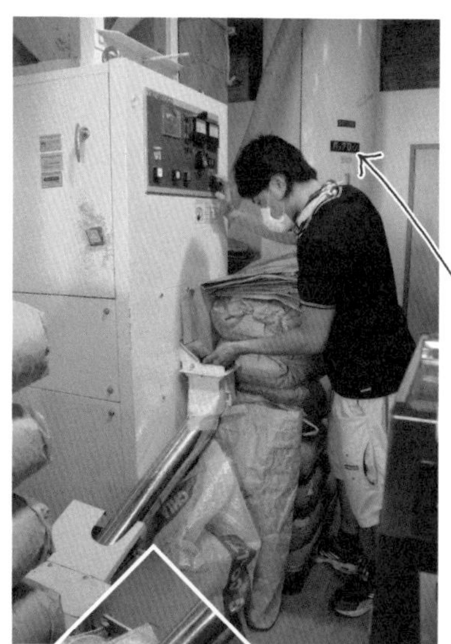

各種米的精米程度都不同，一邊確認白度，一邊調整機器。

③ 剔除石頭後，將糙米進行精米作業。藉由摩擦糙米來分出白米與米糠。

④ 進行精米的過程中，削下來的米糠會被風吹走，

跑進這裡的米糠桶裡。

⑤ 用碎米分離機去除碎掉的米粒（碎粒）。

⑥ 用色彩選別機去除精米後混雜在白米裡的有色米粒（著色粒）。

碎粒可以當作麻雀的飼料來販賣。（1kg 50日圓）

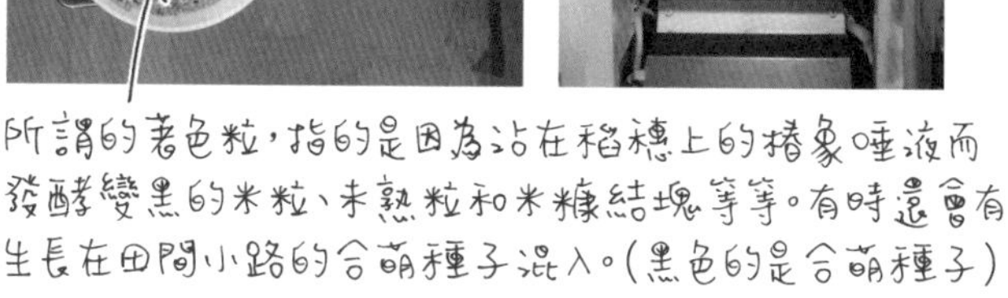

所謂的著色粒，指的是因為沾在稻穗上的椿象唾液而發酵變黑的米粒、未熟粒和米糠結塊等等。有時還會有生長在田間小路的合萌種子混入。（黑色的是合萌種子）

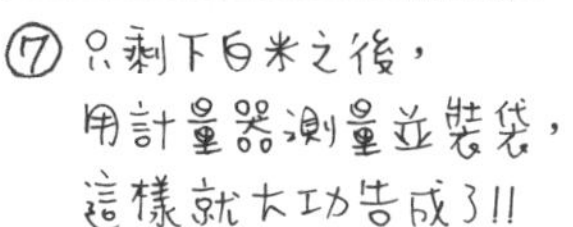

⑦ 只剩下白米之後，用計量器測量並裝袋，這樣就大功告成了!!

就像是流水素麵流過10條渠道一樣，將流過去的米粒用光一照，瞬間就能辨識出有顏色的米粒，接著再用空氣把有色米粒吹掉～

雜貨
nagaya shop mitta

東京都澀谷區千駄谷5-13-7 長屋左側
※已歇業。

商店是3戶長屋靠左的那間。
據說是二戰前的建築物，
屋齡有100年左右。自動販賣機
也配合建築物是深褐色的。

從JR山手線・總武線的代代木站東口步行3分鐘、從都營大江戶線步行4分鐘的地方有一棟長屋，其中一戶是販售獨一無二純手工包包與飾品、小物的雜貨店「nagaya shop mitta」。店名之所以叫做「mitta」，是因為當初是在空無一物的狀態下開店，店主山西女士希望這個空間能被有趣的物品和人們「填滿（日文為Mitasareru）」，於是懷著這樣的心願取了這個店名。一查之下，原來這個詞彙在巴利語是「好友」的意思。原始佛教經典也提到：「與mitta相遇，人生就會變美好。」

其實，「nagaya shop mitta」的店長是一隻貓。3年前，山西女士的友人A家中，經常有隻野貓會跑來庭院，還會探頭看著屋內，像是希望人家收養牠，但A的家中已經養了很多隻貓，便決定尋找願意收養牠的人。由於牠看起來一副愛睏樣，便暫時叫牠睏睏。睏睏完全不曉得自己成了寄養的孩子，滿心喜悅地想著終於能夠入住A家，還會跳上人的大腿，使出渾身解數地親近人。山西女士透過照片看到牠可愛的模樣後，主動表達有收養意願，也順利將牠接回家。

然而，原本打算讓A家飼養的睏睏卻不滿地發出控訴：「讓我回家～！」、「我被帶到一個奇怪的地方了！」然後隱匿聲息躲了約2個星期，等到牠終於願意露一下臉時，山西女士問牠：「該幫妳取什麼名字呢？」接著列舉出向日葵等花卉的名字，當說到「達莉亞（Dahlia，大麗菊）」時，牠伸了個懶腰地表示「好～」，於是便決定叫牠「達莉亞」。

悠閒放鬆地橫躺休息的店長。山西女士以前住在阿佐谷時，有隻會自己上門的貓咪經常睡在這張墊子上。山西女士說，可能是因為有氣味殘留，達莉亞店長才會躺得很舒服。

達莉亞店長（年推定5～6歲）

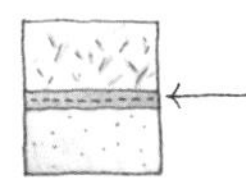

室內裝潢紙膠帶。要貼上2種花紋相異的壁紙時，可以用這種紙膠帶美化接縫處。

將法國代購寄過來的美麗復古布料、絲質緞帶和室內裝潢紙膠帶，用在原創包包和化妝包上。

店長的磨爪板是木製的。由於瓦楞紙做的磨爪板慘遭無視，在仔細觀察過後，發現牠似乎喜歡在膠合板上磨爪子，便改成木製的磨爪板。

因為管線施工而掀起地板時，出現在地板下方的水壺。圖案是萬寶槌和正中紅心的箭。

愈來愈多人來詢問關於布、和服以及飾品改造的事，每天不是在製作，就是在修復或縫補這些東西。老而美的物品、有歷史的物品、有感情的物品，山西女士希望能夠讓這些物品重生，在往後的日子也能持續使用下去。

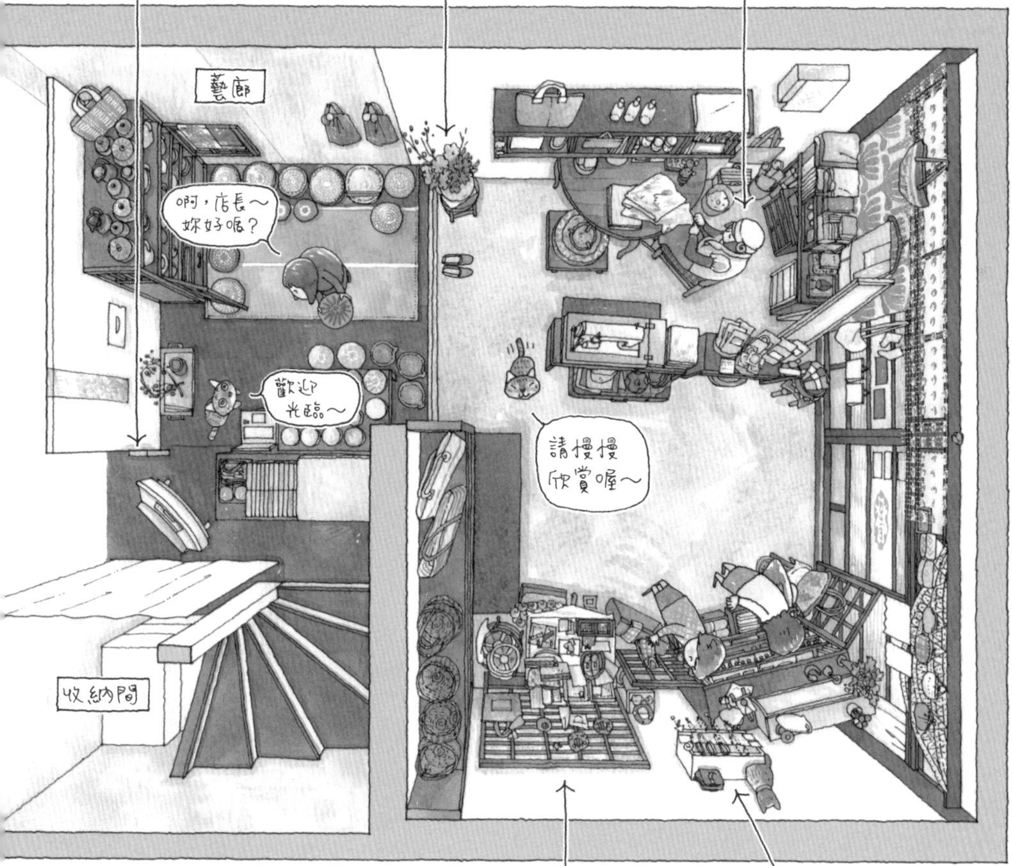

藝廊

啊，店長～
妳好喔？

歡迎
光臨～

請慢慢
欣賞喔～

收納間

採訪時，藝廊正在舉辦小鹿田燒的器具展。

租下這間長屋時，木匠打算丟掉而放在外面的拉門。山西女士覺得很可惜，便拿來當作展示架。這間店以前也有在賣CD，拉門的木框正好可以擺進一張CD，於是就把CD放在上面展示。

用法國串珠做的飾品等等，幾乎都是獨一無二的作品。

鋪上布巾，
搖身變為小物收納處。

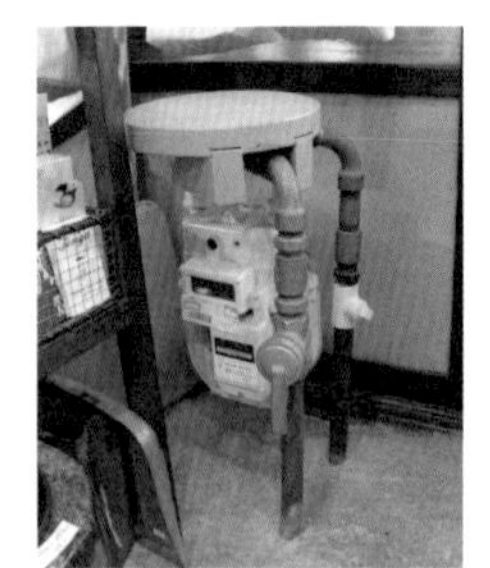

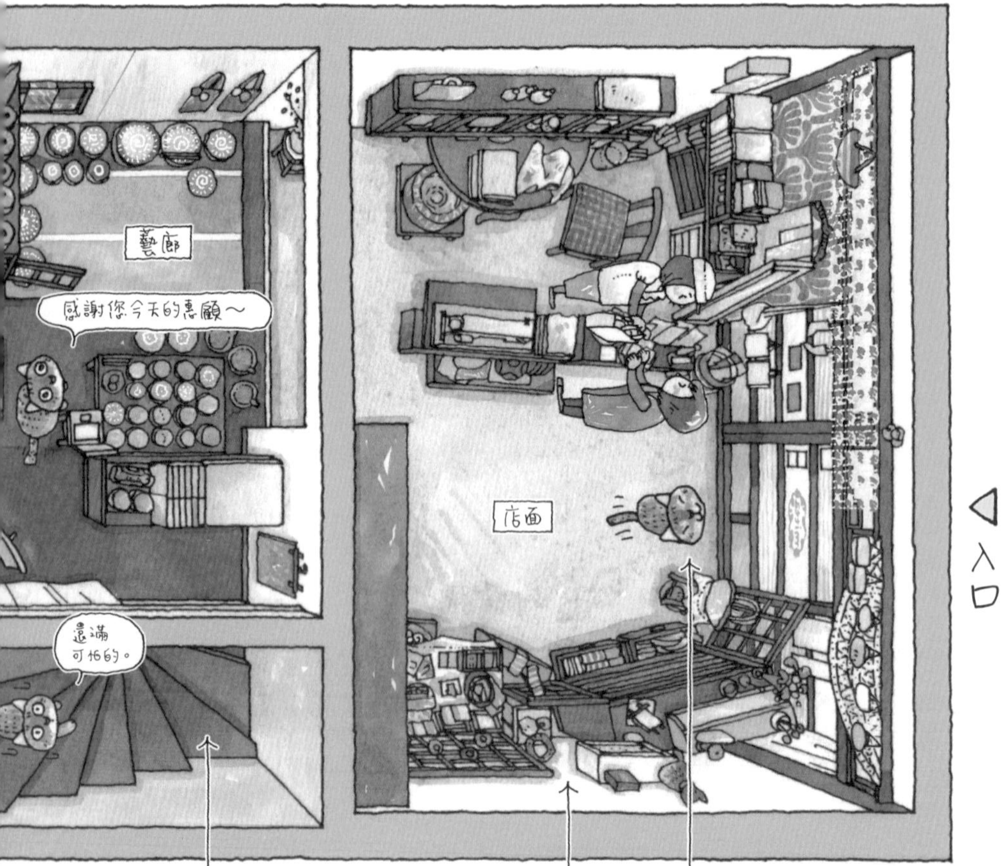

朋友送的
釜鍋的鍋蓋正好吻合!!

瓦斯表就這樣
大剌剌地設置在店門口。
心想「該怎麼辦才好……」

藝廊

感謝您今天的惠顧～

還滿
可怕的。

店面

入口

高低落差達28cm的恐怖樓梯。要踩10階才能到2樓。達莉亞店長的腿很短，據說稍有不慎就會掉下來。

山西女士希望牆壁是帶點溫暖的顏色，便把咖啡混進灰泥裡塗刷牆壁。

不知道是不是當野貓的時候很痛苦，就算門開著，達莉亞店長也絕對不會出去。

悄悄窺探了2樓一眼……

……

……

店長正在
棉被上放鬆休息。
在這之後，
牠就高速衝進
緊急避難所的
壁櫥裡躲起來了。

對不起啦，
店長！

請店家讓我參觀了長屋

2006年12月，山西女士在散步途中發現長屋，她吃驚地心想：「哎呀，這種地方竟然有長屋。」隔年2月，她再次恰巧路過長屋前面，看到上面貼著出租的告示。進行整修的木匠師傅正要把木製玻璃拉門換成鋁框，她見狀立刻脫口說：「我可能會租下這裡，請留下木製拉門。」後來，山西女士將最低限度的必要工程交給專業師傅，油漆塗刷和牆壁的灰泥塗刷則是她自己動手完成的。

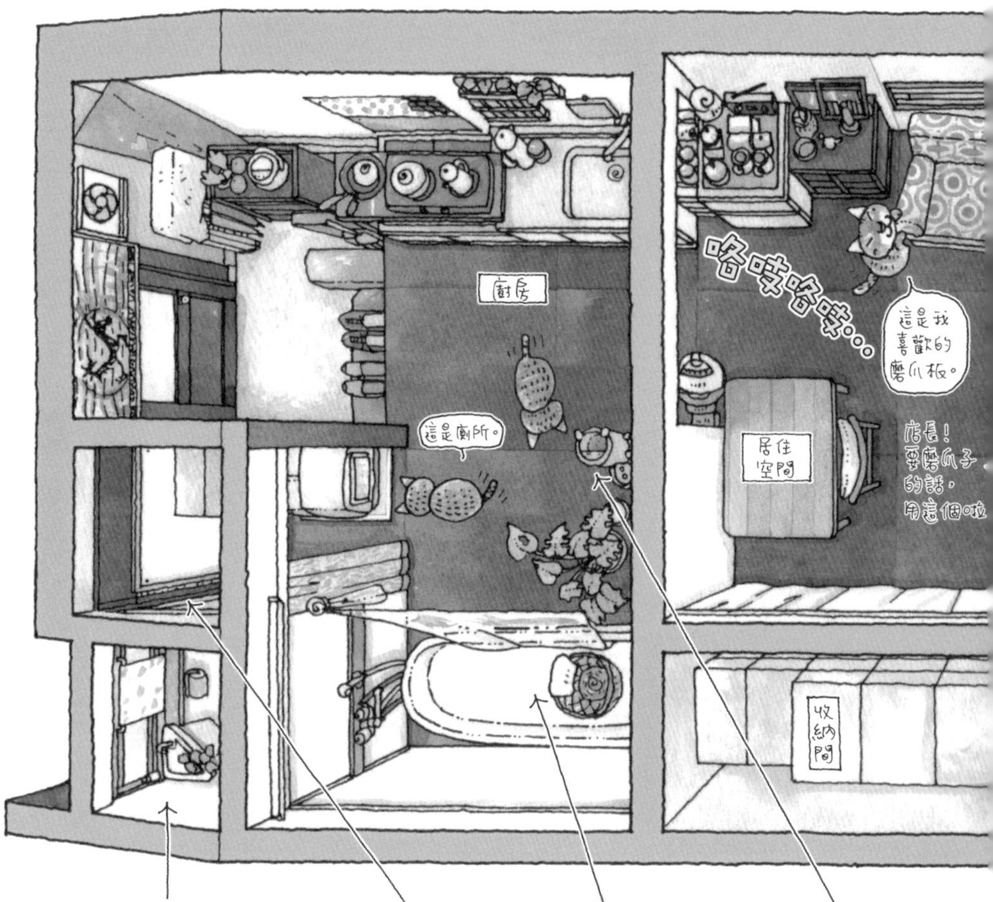

起初廁所的門是深褐色，地板則是灰色，又暗又小，相當恐怖。後來用油漆把地板和牆壁重新漆成亮色。由於天花板還是維持白鐵皮，因此冬天會有一點冷。

常常有風從縫隙裡吹進來，因此用包裝材料的氣泡布塞住牆壁的縫隙。

以前長屋裡沒有浴缸可以泡澡，所以都是去附近的澡堂，遺憾的是閉門歇業了。後來就買了浴缸。

達莉亞店長吃飯的地方放有自動餵食器，設定9點和下午3點。其他時間想吃飯只要按下按鈕就會跑出飼料。

達莉亞店長有時會在下午3點的
吃飯時間和傍晚出現在店裡。

歡迎光臨～
請慢慢逛喔～

悄悄打招呼的店長。
由於無聲無息的，
客人通常不會發現，
不過牠意外地很常
巡視店內的情況。

達莉亞店長把扶手椅和
這片隔間牆抓得破破爛爛的，
因而連忙設置了磨爪板。

啊～
肚子也吃得
飽飽的……
好舒服……

昏昏欲睡……

開始頻頻點頭的店長。

糟、糟糕……
我竟然在工作時
打瞌睡……

也有各式各樣的貓小物

等比例貓咪靠墊

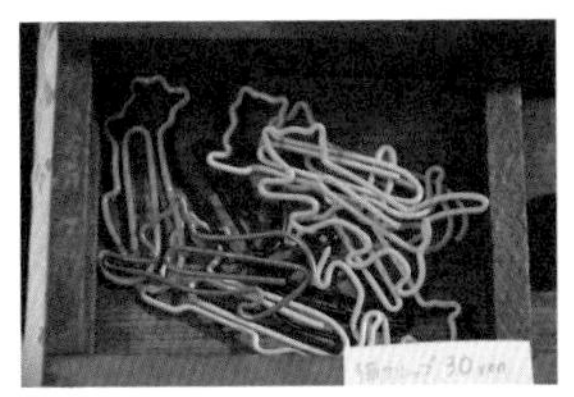

貓咪迴紋針

貓咪磁鐵

蝴蝶扣徽章

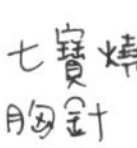

七寶燒胸針

山西女士雕刻的貓咪篆刻。

依照達莉亞店長的指示，
進行商品企劃、製作、挑選等
所有業務的山西女士。

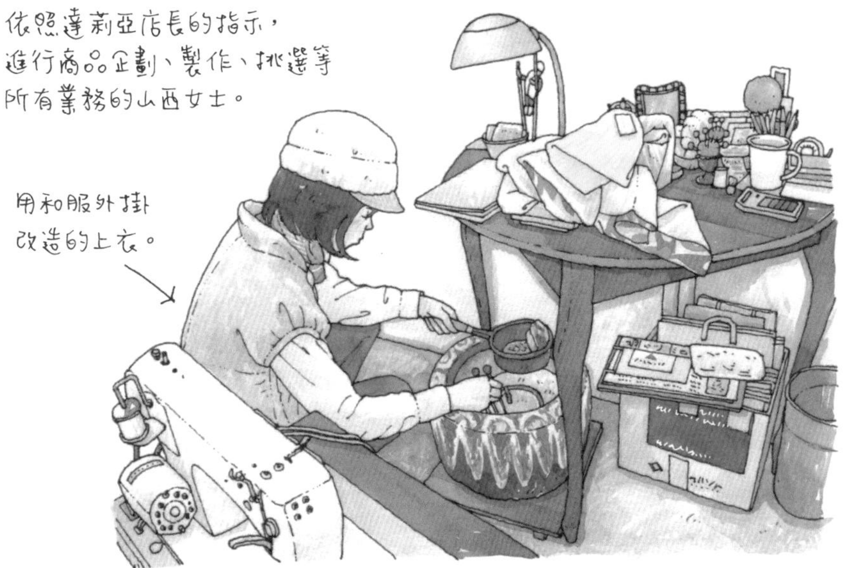

山西女士表示：「用火缽煮沸的熱水來泡茶真的很好喝喔。」她總是會在冬天用火缽溫暖室內。以瓦斯爐燒紅木炭後，再斜著堆放在火缽裡。

KICHIJOJI 吉祥寺

「舊書 Suicidou」

隔壁販售墨西哥民藝品、雜貨的「LABRAVA」。小湯白天經常跑過去玩。

舊書 Suicidou
(すうさい堂)

東京都武藏野市吉祥寺
本町1-29-5
SUN SQUARE吉祥寺201
TEL0422-27-2549
營業時間：13:00～20:00
營業日：週六、日及國定假日
http://suicidou.
blog.shinobi.jp
※已搬至上述地址。

從JR中央線吉祥寺站步行5分鐘。吉祥寺花園（ジャルダン吉祥寺）大樓的1樓有各種獨具特色的店家林立，大樓一隅的「舊書 Suicidou」裡有一隻黑貓小湯（♀7歲）。店長小阿瀨先生表示：「閱讀是一件很玄妙的事情。它是為了記住不好的事而存在，也就是人生指南。」他在朋友家照顧野貓生下的小貓時，被牠們可愛的一舉一動所擄獲，便決定收養其中一隻小母貓。

名字來自於已故漫畫家貓湯(ねこぢる)。

小湯會閉著嘴巴
發出「嗯嗯～」
或「唔啊唔啊」的
叫聲。

小阿瀨先生展開了與貓首次的同居生活。他原本以為貓咪「應該會在人身上磨蹭來磨蹭去」、「木天蓼對牠們很管用」、「應該都喜歡生魚片」，但小湯以上皆非，讓他很震驚。儘管他說小湯「不太愛理人」，但有客人來的話，牠還是會跑過去檢查一番，是個乖孩子。

當牠張開嘴巴說「喵～！」的時候

就是這個意思。

小湯非常喜歡魚板切片。
光是看到包裝袋，
就會雀躍地表示「快點給我～」。
牠會一邊發出呼呼的聲音，
一邊專心地吃魚板。

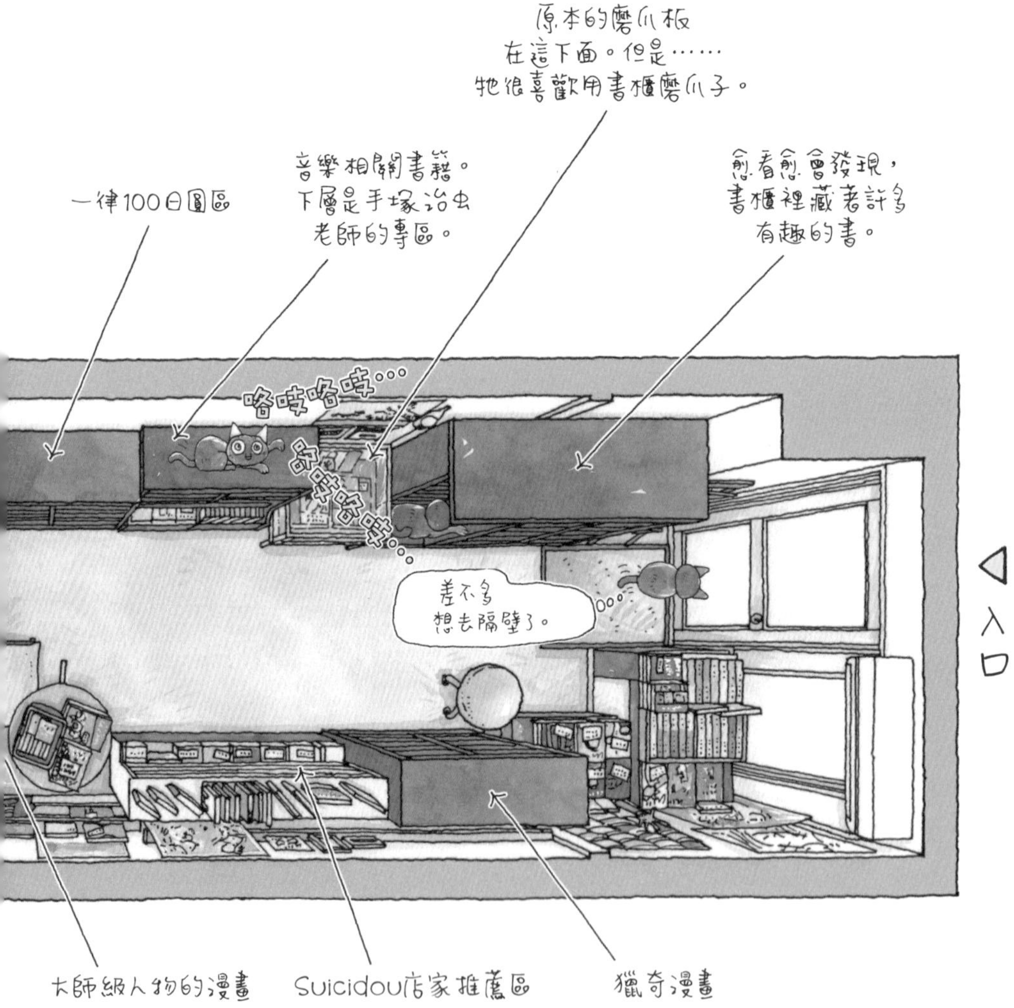

原本的磨爪板
在這下面。但是……
牠很喜歡用書櫃磨爪子。

一律100日圓區

音樂相關書籍。
下層是手塚治虫
老師的專區。

愈看愈會發現，
書櫃裡藏著許多
有趣的書。

喀吱喀吱…

喀吱喀吱…

差不多
想去隔壁了。

入口

大師級人物的漫畫

Suicidou店家推薦區

獵奇漫畫

Suicidou推薦

水木茂老師在出租漫畫（貸本）家時期的作品《靈幻小子》。

江戶川亂步原著的《芋蟲》。繪製成畫後震撼力和噁心度都破表。尤其最後的部分很驚人。

這是介紹住在東京的外國人房間的寫真集。

以梶芽衣子為首的昭和Bad Girl大集合。

關直美女士的橡皮擦版畫全都收在這一本裡。

牠喜歡跳到
馬桶蓋上
喝水。

聽說小湯不是
用貓砂蓋住，
而是拉出衛生紙
來蓋住。

吃飯的地方

在吉他袋上
睡覺。

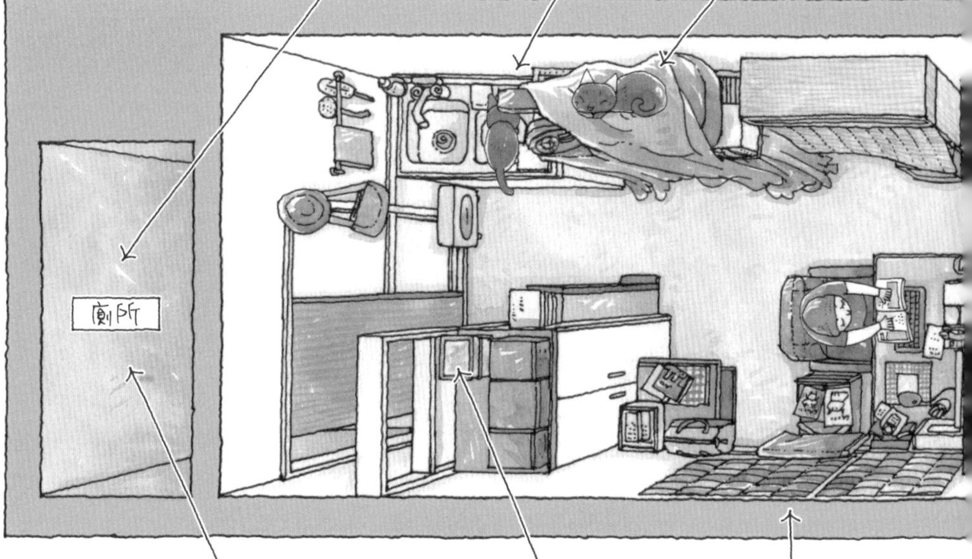

小湯的廁所
也在這裡。

小湯的乾飼料。

店內播放的舒服BGM是出自Suicidou喜歡的CD收藏。

在自稱為吉祥寺盲腸的「Suicidou」裡，
有很多關於次文化的書籍和冷門書籍。
自從小湯來了之後，「貓」的書籍
也正在增加中。

該怎麼說好呢，
貓真的很棒。
什麼都不做也沒關係。
小湯教會我一件事，
就是人生可以活得
更隨意一點。

我討厭
抱抱。

無用的知識也是
素養的一部分！

準備踹人的後腿。

小湯4年前有一次離開書店後就失蹤了。小阿瀨先生到處張貼海報、投遞傳單、去動物醫院和商店發傳單、在網路留言板投稿、聯絡警察及保護中心，盡一切努力還是找不到，甚至還把烏鴉看成黑貓，連「嘎」的叫聲都聽成了「喵」。小湯失蹤後過了2個月，一名去Suicidou後方的醫院探病的女性碰巧經過書店前面，她看到張貼的尋貓啟事後心想：「哎呀！這是我家收留的孩子。」便聯絡了小阿瀨先生。她家住在隔壁的西荻窪站，家裡養了3隻貓（其中1隻是黑貓正雄），有一天她父親說：「喂！我們家的正雄跑出去了啦！」結果他抱回來的是小湯。於是小湯被他們家收留，還被叫做正子。

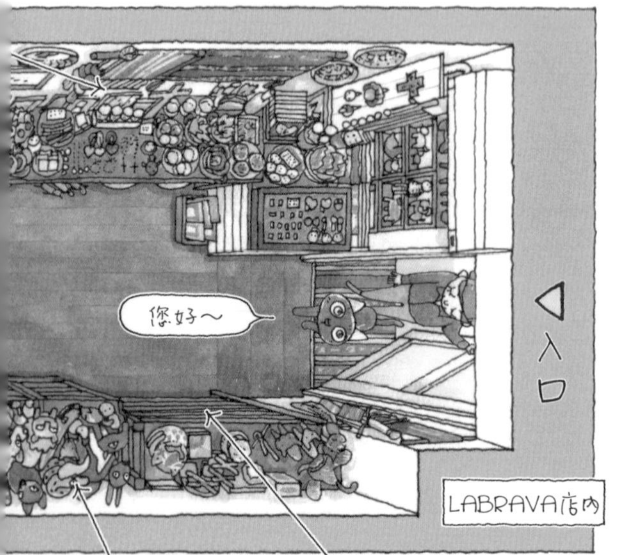

瓦哈卡州生產的木雕

也有薩帕塔民族解放軍的周邊商品

判明身分的關鍵，
在於小湯戴著的
鉚釘皮項圈。

小湯非常喜歡隔壁的
墨西哥雜貨店「LABRAVA」，
經常跑過去玩。

由於冬天很冷，
因此小阿瀨先生會帶牠過去。

天氣好的時候，
兩邊的大門都是敞開的，
所以小湯會自己過去。

小阿瀨先生會在晚上8點打烊時來接牠。
要上廁所和吃飯時，牠會自己催促要回去。

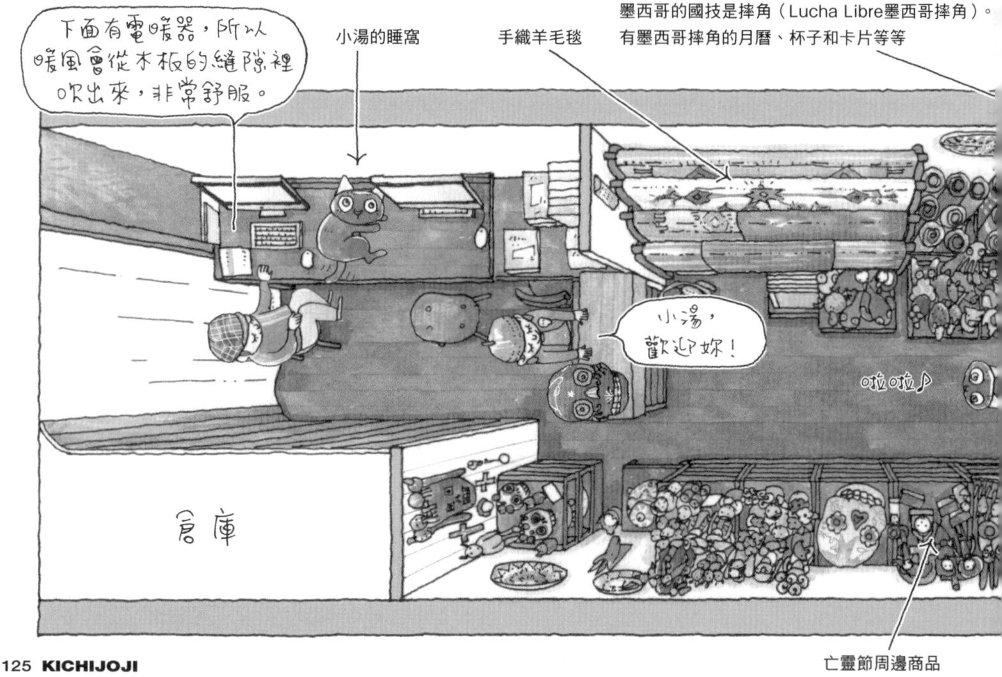

下面有電暖器，所以暖風會從木板的縫隙裡吹出來，非常舒服。

小湯的睡窩

手織羊毛毯

墨西哥的國技是摔角（Lucha Libre墨西哥摔角）。
有墨西哥摔角的月曆、杯子和卡片等等

小湯，
歡迎妳！

啦啦♪

倉庫

亡靈節周邊商品

小湯來到「Suicidou」的那一天，
小阿瀨先生帶牠去「LABRAVA」亮相，
表示「你們看，我養貓囉」。從那之後，
小湯就開始在兩間店來來回回。

「LABRAVA」的
山本先生用紙張
在櫃檯木板的
縫隙間偷偷地
伸出又縮回，
跟小湯玩。

太太這麼說道。

貓咪也會以各種形式登場。

墨西哥當地有「亡靈節（11月1日、2日）」，相當於日本的盂蘭盆節。在那一天，人們會在墳墓和家中的祭壇布置萬壽菊、麵包和骷髏人偶。「LABRAVA」也有在賣「亡靈節」的周邊商品。

恰帕斯州Chamula村的村民製作的布偶。是以身邊的動物為題材。

出自創作者之手的瓦哈卡木雕動物系列。配色令人心情雀躍。

以紙雕聞名的利納雷斯（Linares）一家的骷髏作品。據說工房養了8隻貓。

SHINJUKU 新宿

冰滴珈琲店
CAFE ARLES

東京都新宿區新宿5-10-8
TEL03-3356-0003
營業時間：週一～五11:30～22:00（L.O.21:30）／週六、國定假日11:30～21:00（L.O.20:30）
公休：週日

明明沒教過牠，
卻跟上一代的
五右衛門擺出
相同姿勢的
次郎長（♂4歲）。

昔日的五右衛門。
接待完客人之後，
牠就會在
沙發椅背上休息。

天真爛漫的石松（♂9個月）
目前正在學習禮儀。若是稍有大意，
牠就會打翻客人的牛奶壺，
再去舔灑出來的牛奶，是個獵人。

剛來到店裡時的2隻貓。
新好奶爸次郎長
經常照顧還很小的石松。
要是石松往入口方向走過去，
牠就會叼住石松的脖子，
教導牠「不能過去那邊！」

五右衛門的臨別贈禮

中午坐滿了上班族的「CAFE ARLES」裡，有一隻叫做五右衛門的看板貓。2015年6月，五右衛門前往天堂旅行了。老闆根本先生表示：「我們相伴了19年，牠一直都健健康康的，所以我根本沒想到牠會死掉。我是抱著『長久以來辛苦你了』的心情在服喪。」不過令人驚訝的是，愛貓的客人自然不必說，就連以往看到五右衛門也不會特別親近牠的許多客人都說：「其實以前都很期待見到牠。」還有人說：「牠走了後，我才意識到牠是非常重要的存在。」就在這個時候，店裡很熟的常客表示：「撿到的貓咪中有一隻跟五右衛門長得一模一樣，不過牠跟另一隻貓的感情很好，可以一起收養牠們嗎？」根本先生表示：「我是打算照顧牠們才決定收養的。最近有人會來採訪這兩個孩子，我在想，牠們會不會是五右衛門臨別之際送給我的紀念品。不過，跟五右衛門比起來還差得遠呢！」根本先生注視著2隻貓，臉上的笑容無比燦爛。

「跟五右衛門比起來還差得遠呢！」
雖然嘴上這麼說，
但看起來很開心的老闆根本先生。

在客人的大腿上
睡覺的石松。
牠剛來的那天就跳上了
客人的大腿，非常親人。

MACHIYA 町屋

Parisian Cafe

東京都荒川區町屋1-4-5
營業時間：週一8:30～14:30
週二～日及國定假日8:30～20:30
公休：不定時店休　※週六日及國定假日、當月最後一個週一僅供應麵包類

小Q來的那一天，雖然老闆娘絞盡腦汁想取個帥氣的名字，但一直想不到。不知該如何是好之際，她看到店裡進的許多美乃滋，便決定取名為Q比（暱稱小Q）。

打烊後，
宛如小寶寶的襁褓一般
用毛毯把牠包起來，
帶往2樓的睡窩。

超愛媽媽的撒嬌鬼

從千代田線的町屋站步行3分鐘的地方，有間廣受當地人歡迎的「Parisian Cafe」。入口掛著附有照片的牌子寫著「內有貓咪」。一打開大門，白底虎斑的小公貓便帶著「是誰呢～哎呀～是第一次來的客人～」的表情出來迎接。牠聞過味道之後，彷彿在說「請往這邊走～」，便帶我進入如鰻魚的睡床般狹長、內部卻很寬廣的店內。牠是小Q（2歲半）。聽說是在埼玉縣蕨市出生後，因為體溫過低、全身無力而被客人撿回家。Parisian Cafe的老闆娘得知之後，客人問她：「要公的還是母的？」她沒有多想就回答：「公的。」於是小Q就來到了這裡，牠那時才出生約3週。老闆娘不能把牠獨留在家便帶來店裡，每隔2～3小時餵奶一次。客人會把牠捧在手上，大家都很疼牠。知道當時情形的客人說：「因為牠很可愛嘛～叫牠的話，小Q就會在手中伸懶腰或玩耍。現在就算叫牠也不會回頭。」說完露出苦笑。「不過牠很喜歡老闆娘，總是跟前跟後的。」說著泛起微笑。

小Q現在已經不會玩逗貓棒了，但如果要丟掉的話，牠就會露出「咦～真的要丟喔～」的表情。沒辦法之下，只好把綁在逗貓棒前端的玩具取下來，吊在小Q睡窩的頂棚上，牠才露出可以接受的表情。

小Q最喜歡媽媽了。就算媽媽正在打電話訂食材，也要如膠似漆地黏著她。

面對可愛的來訪者，
小Q正靜靜地忍耐著。

「小Q，你在喔～」
來店裡的小學女生們
如此喊道。
盡情地摸過小Q後，
她們便笑咪咪地說：
「非常謝謝您！
我下次會帶錢過來的～
（＝帶媽媽過來）」
然後就回去了。
咖啡館內充滿這類
帶有下町風情的對話。

KYOBASHI 京橋

古美術
木雞

東京都中央區
京橋1-6-14
佐伯大樓1F
TEL03-3561-7411
營業時間：
11:00～18:00
公休：週日、國定假日

某一天，一名女性因為工作的關係而來到京橋，她發現一隻可愛的貓咪，便跟在牠的後面，結果就在這條巷子裡迷路了。當她四處徘徊之際，發現了「木雞」這家店。玻璃門的另一邊擺著貓咪的飯碗，於是她忍不住問了聲「您好」，老闆則是一邊說著「請進」一邊招呼她進來。這隻貓是小虎和多比的叔父，現在已經過世的喜次郎。幾年後，將此視為緣分的那位女性——平女士在2樓開了「Maison de NEKO Art Gallery」。

有客人上門時，
就會出來露臉的
小虎（♀12歲）。
雖然有點傲嬌，
但其實是個
很聽話的撒嬌鬼。
最喜歡爸爸。

儘管大家都說
我很有男子氣概，
但我是個不折
不扣的女生喔。
叫聲很可愛的。

出乎意料遠走到熊本

1998年古美術「木雞」開店當時，據說京橋有非常多野貓，受到大家的疼愛。後來因為中央區的政策而徹底實行絕育手術，現在幾乎都看不到野貓了。「木雞」的大江女士表示：「『小虎』和『多比』應該是最後一代吧。」小虎與多比的媽媽在生完小孩之後，因為絕育手術而無法分泌乳汁，便放棄育兒了。大江女士與她的父親給牠們奶水喝，養育牠們長大。此外，這2隻貓還有一隻叫做巧比的姊妹，花紋跟多比一模一樣。有一次，偶然經過的路人一看到多比就很喜歡，便提出想要領養的請求。領養人來接多比的那一天，總是待在店裡的多比偏偏在這天外出沒有回來，而總是在外面玩耍的巧比則是待在店裡，於是便被領養人帶走了。沒想到領養人住的地方，竟然是熊本。「巧比是個非常聰明的孩子。」雖然巧比過得很幸福，大江女士還曾經收到附有照片的信，但巧比在幾年前得到癌症，前往天堂旅行了。大江女士的父親曾2度前往熊本看巧比，據說巧比還是認得他。

心血來潮時，貓咪也會前往2樓的
「Maison de NEKO Art Gallery」玩耍。
平女士表示：「根據展示內容，
有時會來，有時不會來。似乎有偏好的樣子。」

雖然不知道
哪一隻才是犯人，
不過曾經打破一個
要價100萬日圓的壺。

唐三彩「騎馬俑」
8世紀中國
在古美術「木雞」裡，
販售著中國、日本和
荷蘭等國的古老陶瓷器。

最～喜歡啾嚕肉泥了～β

容易害羞的多比
(♀12歲)。但據說
熟悉後就會纏人
纏到很煩的地步。
大江女士表示：
「希望牠哪天可以
像廣告一樣，
用雙手拿著吃。」

小虎與大江女士。

TOKYO 都內某地

自家工作室

地址：都內某地
營業時間：早上10:00左右～半夜
公休：沒工作的時候，每天都是星期天

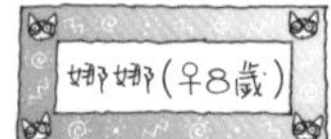

娜娜出生後1個月左右時，在我家的四周徘徊。牠神不知鬼不覺地跑到玄關門廊的瓦楞紙貓窩裡端坐著，我看牠這麼小一隻很可憐，就讓牠進來家裡了。雖然娜娜可愛到不得了，但因為我太疼牠，都讓牠睡在我旁邊，所以養成了牠旁若無人的性格。牠最近喜歡的東西是Amazon的紙箱，還會把最愛的逗貓棒帶過來陪牠一起睡。

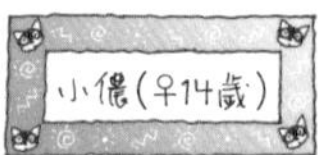

天上天下唯我獨尊、我行我素的小儂。我是在牠出生後約1個月，從附近的餵貓阿姨那接收的。我希望牠能長成一隻自由自在（Nonbiri）且安閒自得（Nonki）的貓，就取了「小儂（Non）」這個名字。雖然個性酷酷的，但若是家人臥床不起，牠一定會過來探望。牠已經邁入高齡了，所以我也會多加留意牠的健康狀況。

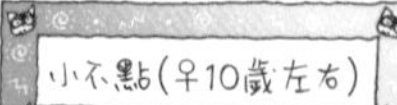

小不點有時會睡成對折的姿勢。雖然牠一看到人就會逃走，但其實是個怕寂寞的孩子，要是我不在房間裡的話，就會跑來找我。牠大概在5年前從野貓變成家貓。牠非常明白自己身為新人的立場，一開始就很敬重小儂，還會對任意妄為的娜娜進行教育指導。

睡姿也各具特色

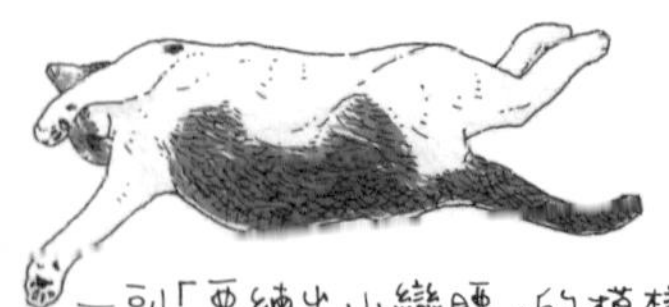

一副「要練出小蠻腰」的模樣，扭著身體睡覺的小儂。

「睡覺睡到腳開開」的小不點。

表示「淑女要遮住臉才行」，很擅長趴著睡覺的娜娜。

Mac的外接硬碟Time Capsule。雖然會變得很熱，但到了冬天就是娜娜的最愛。

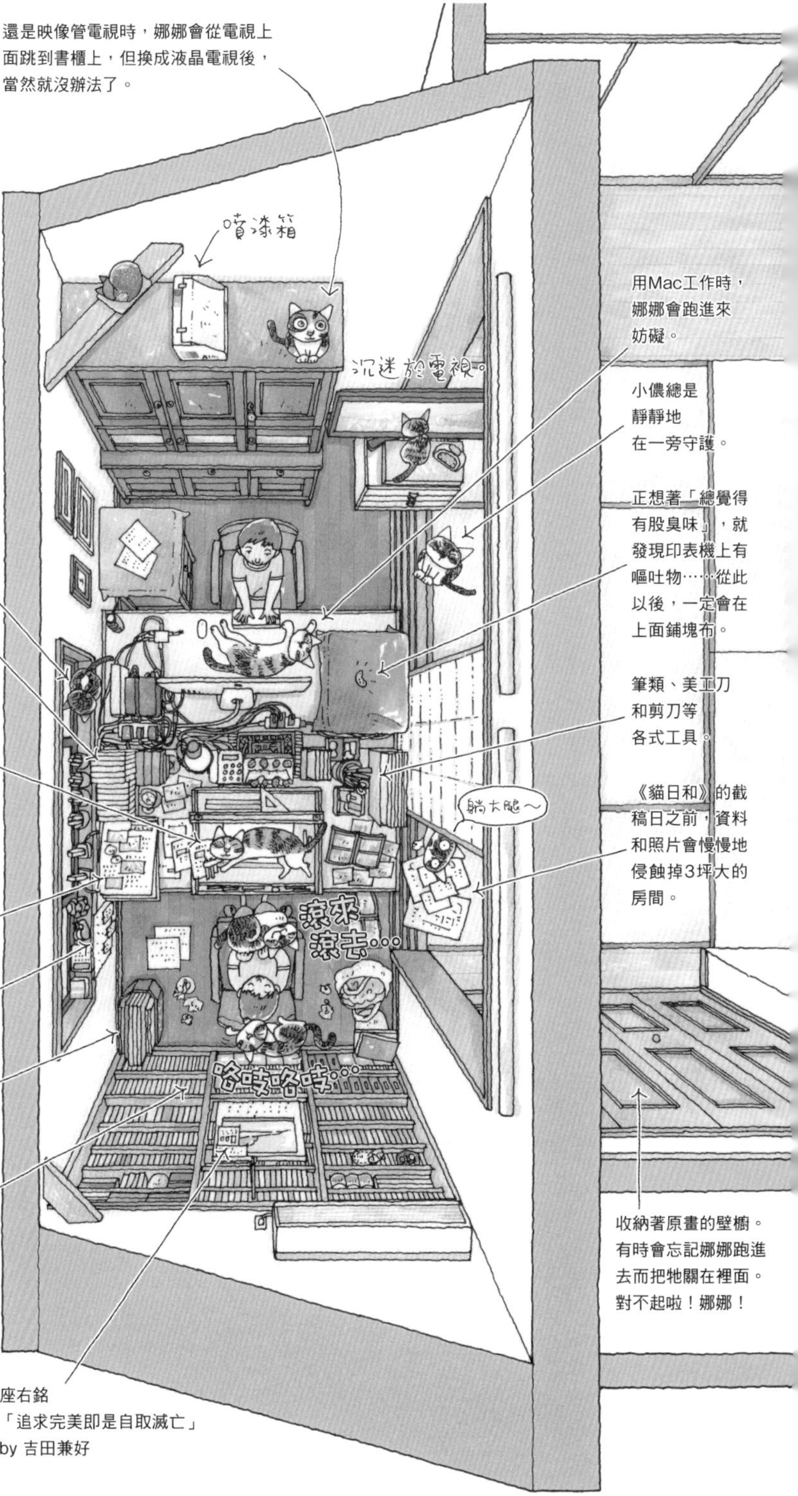

還是映像管電視時，娜娜會從電視上面跳到書櫃上，但換成液晶電視後，當然就沒辦法了。

噴漆箱

沉迷於電視。

總是會有貓從這裡眺望外頭。

採訪筆記與資料。

製圖桌。俯瞰圖和插畫的線稿、上色都是在這裡進行的。每完成一張小插圖，以及寫在每一頁上的文字都用掃描機讀取，然後在Mac的畫面上進行編排。

原稿草圖和俯瞰圖的底稿。

日程表。寫著從截稿日回推的預定計畫。

描圖紙和肯特紙等等。

從創刊號開始的《貓日和》與《Nekomaru》。

椅背成了貓咪們的磨爪板，變得破破爛爛的。上午是娜娜，到了下午小不點就會跳上大腿，完全沒辦法工作（汗）。

用Mac工作時，娜娜會跑進來妨礙。

小儂總是靜靜地在一旁守護。

正想著「總覺得有股臭味」，就發現印表機上有嘔吐物……從此以後，一定會在上面鋪塊布。

筆類、美工刀和剪刀等各式工具。

躺大腿～

《貓日和》的截稿日之前，資料和照片會慢慢地侵蝕掉3坪大的房間。

滾來滾去…

咯吱咯吱…

收納著原畫的壁櫥。有時會忘記娜娜跑進去而把牠關在裡面。對不起啦！娜娜！

座右銘
「追求完美即是自取滅亡」
by 吉田兼好

娜娜老是在妨礙工作

要用平行定規工作時，牠就橫躺在上面。

要用Mac進行作業時，牠就橫躺在鍵盤上。

陪我玩嘛～

快捷鍵被牠的肚子壓在下面。

娜娜比我還會使用電腦。按caps lock是家常便飯……

即使按下電源鍵，也沒有開機聲……

哇啊——

Mac壞了嗎？

只是娜娜前一天碰到而關掉開機聲而已……

另外一天，啟動電腦後……

哇啊——

Mac說話啦～

似乎是娜娜前一天按下了快捷鍵。

我不曉得有「朗讀」這種功能。畫面上還出現了一些說明文……

打給客服中心時的
↓開場白

我家的貓……
好像動到了
什麼東西……

啊——
可以聽到呢～
好像在
說些什麼。

←只知道「強制關閉」
這個快捷鍵。

說起來，牠自從來到這個家，
就一直對Mac抱持著
濃厚的興趣呢～娜娜！

初代Mac →

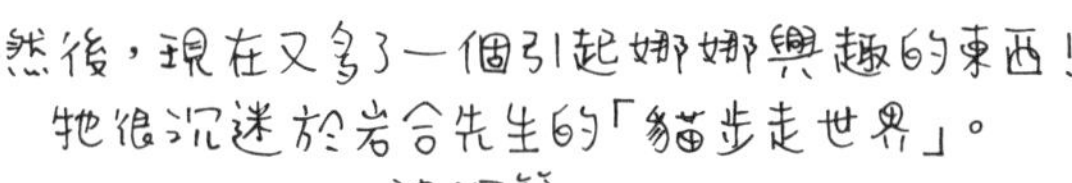

↙沖繩篇

開始播出後，
牠就會
目不轉睛地
在電視前面觀賞。

要是有貓咪
消失在畫面
一角的話，
牠就會懷疑
電視後面有東西。

把店裡丈量過一遍，然後拍照。

完成俯瞰圖的作業過程

採訪時攜帶的東西

比例尺（日文簡稱Sansuke），三個面的兩側有標註6種比例刻度。

量尺

相機

HI-TEC-C的淺藍色

筆記本

5mm方眼紙

在店內製作的筆記。

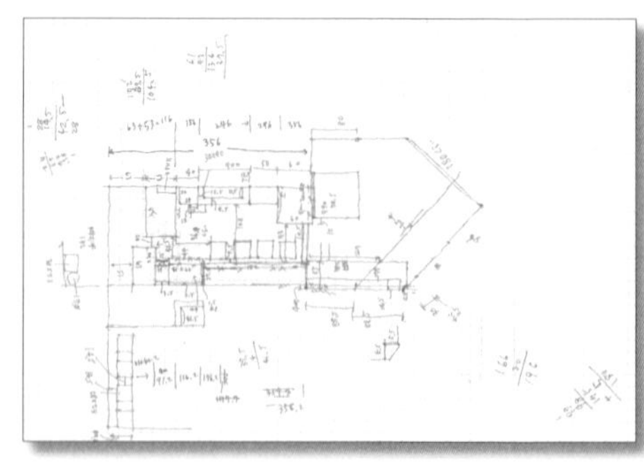

根據這個筆記來繪製圖面。

進行作業時使用的工具

掃除刷　雖然是用來掃橡皮擦屑的工具，但也會用來趕走桌子上的娜娜。

紅環rOtring的筆

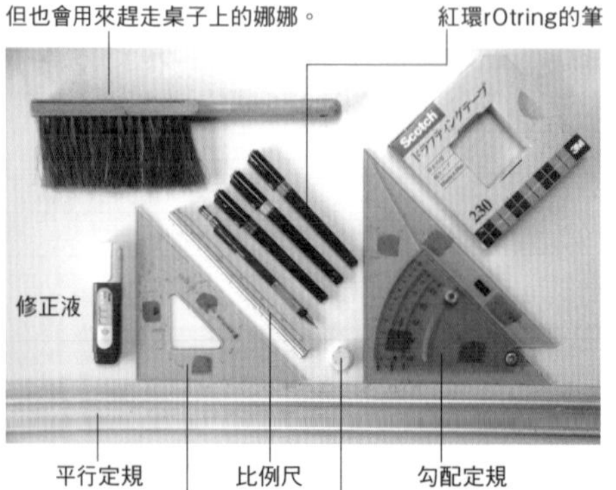

修正液

平行定規

三角定規

比例尺

橡皮擦

勾配定規 用來畫斜線。

當然也要採訪主角們。

丈量高度，
記錄在
平面圖上。

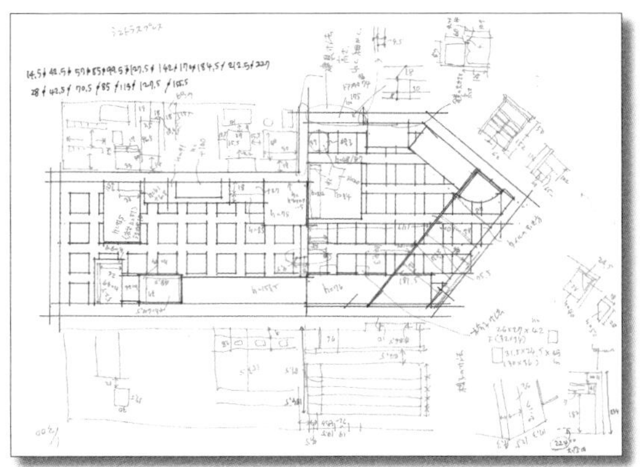

根據高度的紀錄，
繪製成立體圖面。

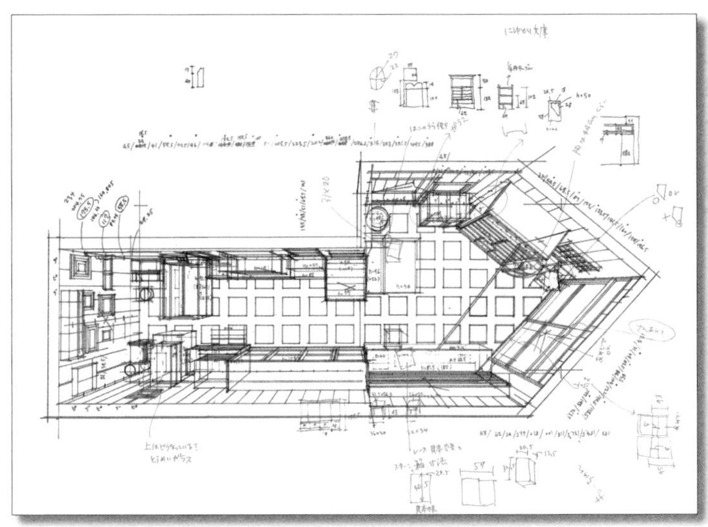

清稿後上色，再利用Mac
將另外畫好的貓與人
合成上去，即大功告成。

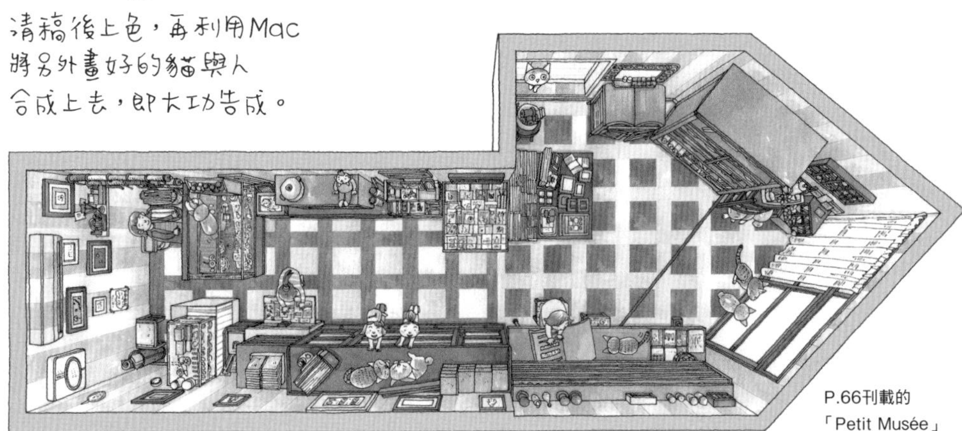

P.66刊載的
「Petit Musée」

初出一覽表

淺草篇（貓日和　15年11月號）

兩國　江戶相撲小物 兩國高橋（貓日和　13年1月號）

神樂坂　日式饅頭咖啡廳 mugimaru2（貓日和　15年1月號）

谷中　咖啡館 Le Prive（貓日和　14年7月號）

新座（埼玉）　古董&咖啡廳 garland（貓日和　15年7月號）

西荻窪　舊書 庭鳥文庫（貓日和　14年5月號）

雲雀丘　音樂咖啡廳 森林小徑（貓日和　13年9月號）

南青山　修鞋店 COBBLER NEXT DOOR（貓日和　15年3月號）

鷹之台　古董小物店 Petit Musée（貓日和　14年1月號）

中野　花店 花月（貓日和　14年11月號）

中野篇（貓日和　16年1月號）

川口（埼玉）　café de Akuta（貓日和　14年3月號）

早稻田　工作室、咖啡廳 TORITORINOKI（貓日和　13年3月號）

小岩　披薩、義大利麵 BOLOGNA（貓日和　13年7月號）

明治神宮前　小池精米店（貓日和　13年11月號）

代代木　雜貨 nagaya shop mitta（貓日和　13年5月號）

吉祥寺　舊書 Suicidou（貓日和　15年5月號）

新宿　CAFE ARLES（貓日和　16年5月號）

町屋　Parisian Cafe（貓日和　17年3月號）

京橋　古美術 木雞（貓日和　16年11月號）

自家工作室（貓日和　14年9月號）

☆本書是將《貓日和》的連載單元「貓處西洋鏡」與「東京貓日和散步」重新編纂而成。
有關店家與貓咪的介紹皆為採訪當時的資訊。

一志敦子(Isshi Atsuko)

插畫家。松本市出生。武藏工業大學（現東京都市大學）建築學系畢業。

從小學低年級開始就和貓一起生活。

目前同居的有唯我獨尊的「小儂」（♀18歲）；

說得好聽是天真爛漫，但只要走錯一步就變成旁若無人的「娜娜」（♀12歲）；

以及尊敬小儂、對娜娜進行教育指導的「小不點」（♀推定14歲）；

還有歷經3年的野貓生活後，成為一家人的「Chiro」（♂推定5歲）。

目前會在Twitter（@atsukoi2）發表關於家裡貓貓們的推特文。

【插畫刊載作品】

《東京路地猫まっぷ》、《東京よりみち猫MAP》、

《東京みちくさ猫散歩》（皆日本出版社），

《ドイツ・古城街道物語》（東京書籍），

《地球の歩き方 イスタンブールとトルコの大地》、

《イスタンブール 路地裏さんぽ》（皆Diamond-Big社）等。

中文譯作則有《擬真手繪 喵嗚 尋訪東京巷弄裡的看板貓》（台灣東販）、

《東京貓町散步》（人人出版）、《玩具國物語》（商周出版）。

【日文版工作人員】
企劃・編輯　《貓日和》編輯部（宮田玲子）
美術指導　山口至剛
設　　計　山口至剛設計室（韮澤優作）

走訪喵味十足的19條散步路線×25間特色店家
東京街角遇見貓

2019年4月1日初版第一刷發行

作　　者　一志敦子
譯　　者　王麗雅
副主編　陳正芳
美術設計　黃盈捷
發行人　南部裕
發行所　台灣東販股份有限公司
＜地址＞台北市南京東路4段130號2F-1
＜電話＞(02)2577-8878
＜傳真＞(02)2577-8896
＜網址＞http://www.tohan.com.tw
郵撥帳號　1405049-4
法律顧問　蕭雄淋律師
總經銷　聯合發行股份有限公司
＜電話＞(02)2917-8022

TOHAN

國家圖書館出版品預行編目資料

東京街角遇見貓：走訪喵味十足的19條散步路線×25間特色店家 / 一志敦子著；王麗雅譯.
-- 初版. -- 臺北市：臺灣東販, 2019.04
144面；14.8×21公分
譯自：東京猫びより散歩
ISBN 978-986-475-965-1 (平裝)

1.旅遊 2.日本東京都

731.72609　　108002717

TOKYO NEKOBIYORI SANPO